PE 普通高等学校"互联网+"立体化教材

高职体育信息化教程

主编　俸洪斌

北京体育大学出版社

策划编辑：张蒙恩
责任编辑：杨　洋
责任校对：宋志华
版式设计：李朝辉

图书在版编目（ＣＩＰ）数据

高职体育信息化教程 / 俸洪斌主编 . –– 北京：北
京体育大学出版社，2021.3
　　ISBN 978–7–5644–3316–1

　　Ⅰ . ①高… Ⅱ . ①俸… Ⅲ . ①体育教育 – 信息化 – 高
等职业教育 – 教材 Ⅳ . ① G807.4

中国版本图书馆 CIP 数据核字 (2020) 第 018555 号

高职体育信息化教程　　　　　　　　　　　　　　　　　　　俸洪斌　　主编
GAOZHI TIYU XINXIHUA JIAOCHENG

出版发行：北京体育大学出版社
地　　址：北京市海淀区农大南路 1 号院 2 号楼 2 层办公 B–212
邮　　编：100084
网　　址：http://cbs.bsu.edu.cn
发 行 部：010–62989320
邮 购 部：北京体育大学出版社读者服务部 010–62989432
印　　刷：北京荣泰印刷有限公司
开　　本：787mm×1092mm　　1/16
成品尺寸：185mm×260mm
印　　张：15
字　　数：346 千字
版　　次：2021 年 3 月第 1 版
印　　次：2021 年 9 月第 1 次印刷
定　　价：45.00 元

《高职体育信息化教程》编委会

主　　编　俸洪斌

副主编　雷　源　庞继捷　朱冬宁

编　　委（按姓氏拼音排序）

黄　茜　李金鸿　陆　松　陆筱宇

彭丹梅　邱剑奇　王名安　吴青云

赵　晋　钟智明　周耀东

前 言

强化学校体育教育是实施素质教育、促进学生全面发展的重要途径，对促进教育现代化、建设健康中国和人力资源强国、实现中华民族伟大复兴的中国梦具有重要意义。

高等职业教育（以下简称"高职教育"）是我国高等教育的重要组成部分，它承担着培养高端技能型人才的重任，是促进就业、推动经济和社会发展的主力军。其中，高职体育课程是高职教育完整课程体系的重要组成部分。为了全面贯彻党的教育方针，促进当代大学生发展，使其成为社会主义事业的建设者和接班人，编者以《全国普通高等学校体育课程教学指导纲要》和《全国普通高等职业（专科）院校公共体育课程教学指导纲要（试行）》为总则，充分汲取高职体育教学改革思想，编写了本教材。

本教材以"健康第一"为指导思想，结合广西建设职业技术学院公共体育课程的教学实际和教学特点，以培养高职学生的体育与健康意识和提高其体育实践能力为重点，为高职学生提供身体锻炼的指南。本教材分为理论篇和实践篇两个部分：理论篇对高校体育及体育与健康的关系进行了概述，并详细地介绍了体育锻炼的理论与方法和体育欣赏的相关知识；实践篇不仅介绍了田径、篮球、排球、足球、乒乓球、羽毛球、网球、跆拳道、瑜伽、健美操、游泳、定向运动等现代体育运动项目，还选编了民族民间传统体育项目。本教材对高职院校开展的体育运动项目进行了比较全面的介绍，体现了理论与实践相结合的特点。

本教材融科学性、知识性和实用性于一体，内容通俗易懂，图文并茂，力求切实激发大学生的体育锻炼兴趣，进一步提高大学生的身体素质。为了适应信息化教学新形势，实现精品教学资源共享，编者运用现代信息化教育技术，在教材中插入了大量生动的教学视频（通过手机扫描二维码观看），力求使学生易学、乐学。

本教材由广西建设职业技术学院体育教研室全体教师共同编写。由于编者学识有限，教材中若有不妥之处，编者恳请广大读者批评指正，并提出宝贵意见，以使本教材不断完善。

目 录

理论篇

实践篇

▶ 第一章　高校体育概述

第一节 ▷ 体育的概念及功能

一、体育的概念

"体育"一词，自一出现便受到了国内众多体育研究者的密切关注。体育的概念随着体育的发展和社会的发展而发生着变化。因时代、知识背景、目的的差异，研究者从不同的视角对体育的概念进行了归纳。

1904 年清政府颁布的《奏定学堂章程》规定，各级各类学堂要设立体操科；同年，因"西洋体育"在学校中得到广泛宣传，"体育"一词开始出现；1905 年，大通体育会在浙江绍兴成立；1908 年，重庆体育学堂创办。从此，"体育"这一术语便开始在我国广泛使用。1923 年，在北洋政府新学制课程标准起草委员会公布的《中小学课程纲要草案》中，"体操科"正式改为"体育课"，"体育"一词逐渐取代了"体操"。1990 年 5 月，中国体育科学学会体育科学理论学会与国家体委政策法规司（现为国家体育总局政策法规司）在上海联合召开体育理论研讨会。与会专家根据世界体育的发展趋势、我国的传统文化及语言习惯，提出以"体育"为体育概念的标记名词，"体育"与"体育运动"是同一概念的词汇。

英文中与"体育"相关的单词有 sport、physical culture、physical education、physical training 等。单从字面意思上，它们分别可以翻译成运动、体育（身体）文化、体育（身体）教育和体育（身体）训练（练习）。人们通常用"体育"一词指称所有的体育运动项目，口语中的"体育"与"体育运动"同义。

作为总概念的"体育"这一术语先后有多种称谓，如体育或体育运动、文化娱乐、身体文化等。目前，人们普遍采用广义和狭义的双重"体育"概念。狭义的体育仅指学校体育，广义的体育亦称为体育运动，即人们平常所说的"体育"。广义的体育是文化的组成部分，包括竞技体育、学校体育（狭义体育）、社会（大众）体育等，是以身体练习为基本手段，以增强体质、提高运动技术水平、丰富社会文化生活和促进精神文明建设为目的的一种有意识、有组织的社会活动，是社会文化的组成部分，受一定的社会政治和经济制约，为一定的社会政治和经济服务。当然，随着社会的不断发展和人类认识事物能力的提高，体育的概念也将进一步完善。

尽管动物能够跳得高、跑得快、游得远，但其活动没有规则和技战术，并且动物的身体活动是以生存为目的的。因此，我们不能将动物的身体活动称为体育。从这一点来说，体育是人类的行为，是人类特有的一种实践活动和活动形式。

二、体育的功能

（一）个体功能

1. 强身健体功能

体育的强身健体功能主要体现在其可以通过促进人体八大系统（运动系统、神经系统、循环系统、呼吸系统、消化系统、内分泌系统、泌尿系统和生殖系统）的健康发展来促进个体的健康。

2. 健康心理功能

体育的健康心理功能体现在其可以发展人的认知能力，健全人格，塑造良好的意志品质。

体育锻炼可以发展人的认知能力。大脑右半球对形象知觉、空间知觉、音乐知觉起主要作用。体育锻炼是发掘大脑右半球潜能的重要手段。人的身体协调性、形象记忆、空间感都受大脑右半球控制。体育锻炼多是整个身体的运动。通过活动左侧身体，可以直接使大脑右半球的相应部位兴奋，使大脑右半球得到充分的锻炼。

体育锻炼可以健全人格。人格是构成一个人的思想、情感及行为的特有模式，是一个人区别于他人的稳定而统一的心理品质。人格是一个复杂的结构体系，由性格、气质等要素组成。相关研究发现，一方面，人格影响个体对体育项目的选择；另一方面，相应的体育锻炼会使人格发生改变。

体育锻炼可以塑造良好的意志品质。人们坚持体育锻炼，要不断地克服各种主观、客观困难。这个过程不仅是锻炼身体的过程，也是塑造良好的意志品质的过程。

3. 人际交往功能

体育活动，特别是一些必须通过合作才能完成的集体性体育活动，能够加强人与人之间的交流，使参加者打破自我封闭状态、获得自信，改变其对生活的看法以及自己的个性和行为方式。

体育活动有利于培养参加者的群体观念、责任意识、助人为乐等精神品质；有利于培养参加者尊重裁判、尊重对手、尊重观众、遵守规则的品德行为；有利于培养参加者积极进取、奋发向上、持之以恒的精神风貌。体育活动在人际关系方面具有提高参加者的人际交往能力，培养其合作精神和竞争意识的作用。

人们在体育活动中形成的团结合作、公平竞争、遵守规则的意识和行为，通常会迁移到日常生活、学习和工作中。这有利于人们理解遵守社会规范的意义和重要性，有利于人们形成尊重他人的行为习惯，从而促进人际关系的和谐发展。

4. 休闲娱乐功能

休闲娱乐是人们在闲暇进行的自由的、自愿的、愉悦身心的活动。体育作为发展人的自身自然的身体活动，具有其他休闲娱乐活动所不具备的个体功能和社会功能。

体育具有休闲娱乐功能的主要原因在于：体育活动始终关注人的自身自然的发展；体育活动中存在大量的人与人的关系。

体育的休闲娱乐功能的实现主要有以下两种基本途径：一是亲身参加体育活动，二是欣赏体育比赛。

5. 生命美学功能

美是人的生命活力的表现。体育对人的生命之美有极大的激发和促成作用。生命美的核心是关怀自身，强调重视自我，重视处理与他人的关系，以及重视身体体验。体育通过各种运动形式对人的生物生命之美和人的精神生命之美进行激发和磨炼，有利于增强人的生命力。

（二）社会功能

1. 教育功能

体育的教育功能是通过以体育促进人的身心健康来达到教育目的而实现的。具体体现在以下几个方面：体育运动可以使人们形成良好的生活习惯；可以通过提供社会规范教育、社会角色尝试机会来促进人的社会化；有利于促进个性的形成和培养进取精神。

2. 政治功能

体育作为一项在全世界具有广泛影响的社会文化和教育活动，在当代社会与政治有着密切的关系，在处理国际关系和民族关系方面，具有独特的功能。体育的政治功能主要体现在以下方面：体育运动可以提高国家和民族的威望，可以服务于国家外交，还可以增强民族团结。

3. 经济功能

体育对经济发展具有促进作用。体育与经济相联系起源于现代市场经济的发展。体育的经济功能主要体现在以下方面：体育运动可以提高劳动者素质，促进生产力发展；可以促进消费，拓展经济增长点。

4. 文化功能

以奥运会为代表的体育运动作为一种实践活动的文化价值就在于其可以促进人自身价值的实现，即实现人的全面、自由、和谐的发展，实现个体人格与社会人格的和谐统一。

第二节 高校体育的目标和任务

一、高校体育的目标

《全国普通高等学校体育课程教学指导纲要》对高校体育的目标进行了界定，为新时期高校体育课程的改革和发展指明了方向。

高校体育的基本目标包括以下五个领域的目标。

（一）运动参与目标

学生应积极参与各种体育活动并基本形成自觉锻炼的习惯，基本形成终身体育的意识，能够制订切实可行的个人锻炼计划，具有一定的体育文化欣赏能力。

（二）运动技能目标

学生应熟练掌握两项以上健身运动的基本方法和技能；能科学地进行体育锻炼，提高自己的运动能力；掌握常见运动创伤的处置方法。

（三）身体健康目标

学生应能测试和评价体质健康状况，掌握有效提高身体素质、全面发展体能的知识与方法；能合理选择人体需要的健康营养食品；形成良好的行为习惯，形成健康的生活方式；具有健康的体魄。

（四）心理健康目标

学生应能够根据自己的能力设置体育学习目标；自觉通过体育活动改善心理状态、克服心理障碍，形成积极乐观的生活态度；运用适宜的方法调节自己的情绪；在运动中体验运动的乐趣和成功的感觉。

（五）社会适应目标

学生应表现出良好的体育道德与合作精神；能正确处理竞争与合作的关系。

二、高校体育的任务

根据《学校体育工作条例》的规定，为了实现高校体育的目标，高校体育工作需要完成以下基本任务。

（1）增进学生身心健康，增强学生体质。

（2）使学生掌握体育基础知识，培养学生的体育运动能力和习惯。

（3）提高学生的运动技术水平，为国家培养体育后备人才。

（4）对学生进行品德教育，增强组织纪律性，培养学生的勇敢、顽强、进取精神。

三、实现高校体育目标与任务的基本途径

（一）体育课教学

体育课是高校学生的必修课，是高校体育的重要组成部分，是实现高校体育目标与任务的主要途径之一。高校通过开设体育课程，向学生传授体育知识，提高学生对体育的认知，使学生树立终身体育的观念，学习科学锻炼身体的方法，从而提升学生的体育文化素养和体育欣赏水平。

（二）课外体育活动

课外体育活动也是高校体育的重要组成部分，它为实现高校体育的目标和任务提供了另一个途径。高校通过课外体育活动，可以培养学生的自我锻炼意识和锻炼能力，促进学生的身心健康发展，增强学生的体质，提高其学习效率，丰富学生的课余文化生活，提高其运动技术水平和体育欣赏水平。

第三节　高校体育与职业能力培养

一、体育与动商

运动可以增强体质、增进健康、振奋精神、延年益寿；运动可以提高人们对疾病的抵抗能力，提高人们对自然环境的适应能力，缓解由日益激烈的社会竞争造成的心理压力；运动还可以成为人际交流的媒介。2012年，南京理工大学教授王宗平于2012年5月14日在《中国体育报》首次提出"关注动商，提高学生运动潜能"的理念。动商也可以称为运动智力，是人们为了达到增强体质、增进健康、愉悦身心、享受生活、延年益寿等目的进行身体活动的能力，主要包括运动素质、运动意识、运动意志、运动机能等。

动商的提出以"身体锻炼"为研究主体，在提高学生体质、体育与创新等方面有极高的研究价值。由于受历史、文化、经济等因素的影响，我国传统观念一直忽略体育或运动的重要价值。随着受众对智商、情商的认知不断提高，智商的理论和实践应用开始慢慢融

入教育领域、职业评估等贴近人们生产生活的多个方面，动商作为支撑人类发展的三大支柱（智商、情商、动商）之一，在未来的职业发展中势必越来越受到青睐。

社会学家卢元镇曾这样形容"身体的智慧"："有头脑智慧，也有身体智慧，二者可协调发展，但不能等同替代。"身体智慧应该是建立在神经科学的基础之上的，并通过运动使头脑智慧表现、调节、反馈在身体上，也正是这种智慧的投入使运动促进了劳动。

运动不足已成为全球第四大死因。在19世纪初以蒸汽机的改良和广泛应用为标志的第一次工业革命中，以及20世纪初以电气化的广泛应用为标志的第二次工业革命中，人们主要依靠体力获得报酬。在以绿色科技为领先的第三次工业革命中，人们对体力的依赖越来越少，动商也越来越重要。

二、体育能力与工程能力

苏联心理学家鲁宾斯坦指出："任何能力的发展都是以知识、技能为手段，以螺旋式运动形态完成的。"知识和技能是能力形成和发展的基础，而能力也直接影响了掌握知识和技能的速度、高度和深度。

工程能力是一个整体概念，是人脑对事物、经济环境、自然环境这个"大工程"的能动反应，就是在充分掌握自然规律的基础上，具有尊重自然、保护自然，合理合法地开发利用自然条件，完成某项工程，创造出新的物质财富的能力。工程能力是工程师最重要、最基本的素质之一。毋庸置疑，对工程知识和技能的学习和掌握将直接影响工程能力的提高。

从广义上来讲，体育能力是指人们完成某一活动时所表现的身心统一、协调配合的才能，与其他能力相比具有一定的特殊性，它是由知识、技术、技能及智力和非智力因素构成的一种带有个性化身心品质的混合体。体育能力的内涵包括对各种知识、技能的学习和应用能力，包括对身体各种活动的敏锐观察能力、迅速反应能力、记忆能力、创造性活动能力、接受信息的能力，以及对动作重点难点的判断能力和决策能力，这与"大工程"观下的工程能力有着异曲同工之处。

在培养多元化能力的视角下，学习并掌握知识、技能的广度已经远远超出了工程本身。体育运动知识、技能的学习过程，与工程学习中的认知过程是极为相似的，均有着严格的程序化或逻辑化的推理过程，往往需要人在多变的情境中迅速做出应对决策。因此，大学生将体育运动中的知识、技能迁移到工程领域，有助于帮助工科学生综合运用多方面的知识、技能，创造性地解决工程学习中的问题，也有助于提升学生的职业体能。

▶ 第二章 体育与健康概述

第一节 ▷ 健康的概念和内涵

一、健康的概念

《世界卫生组织组织法》给出了健康的定义："健康不仅为疾病或羸弱之消除，而系体格、精神与社会之完全健全状态。"后来世界卫生组织又对健康定义进行了补充，加上了道德健康。自此，现代健康观形成，其内涵包括身体健康、心理健康、社会健康和道德健康。

二、健康的内涵

（一）身体健康

从一般意义上理解，身体健康就是指拥有强健的体魄，没有疾病和不虚弱；身体发育正常，体重适当，身材匀称、挺拔；食欲和睡眠良好；精力充沛，脸色好；能很好地进行日常活动，疲劳缓解得快；能抵抗普通感冒和传染病；眼睛明亮，反应敏锐，眼睑不发炎；头发具有光泽且头屑少；牙齿清洁，无龋齿，牙龈无出血且颜色正常；肌肤富有弹性，走路轻快有力。

（二）心理健康

健康的定义不仅包括躯体健康，还包括心理健康。这是因为人不仅是具有生物性的有机实体，还是具有各种复杂心理活动的社会成员。虽然心理健康的评价到目前为止还没有一个世界公认的、一致的标准，但是心理健康的人一般都有一些相同或相似的基本特征，具体可归纳为以下三点：① 人格完整，自我感觉良好，情绪稳定，积极情绪多于消极情绪，有较好的自控能力，能保持心理上的平衡，能自尊、自爱、自信，并且能正确评价自己；② 在自己所处的环境中有充足的安全感，并且能维系正常的人际关系，受到他人的欢迎和信任；③ 对未来没有恐惧感，有明确的生活目标，目标切合实际，能不断进取，有理想和追求。

心理因素的异常改变可导致自主神经系统和内脏机能的变化，表现出某一器官或组织的功能性改变。若症状进一步发展，则可导致身体功能失调，同时发生组织结构损伤，继而引发身体疾病，如溃疡、高血压、偏头痛、支气管哮喘、甲状腺功能亢进、口吃、神经性皮炎，甚至癌症等。因此，保持心理健康对促进人的整体健康至关重要。

（三）社会健康

社会健康是健康组合中最活跃、涉及范围最广泛和最不确定的一部分。最活跃是因为社会的每一个发展阶段和每一次变革都会为社会适应注入新的内容；涉及范围最广泛是因为社会健康不仅涉及每个个体，还涉及一个群体乃至整个社会的健康评价，并受到社会环境各方面的影响；最不确定是因为社会条件不同，社会中个体的政治观、经济观、文化观和道德观也就不同，在全球范围内，难以形成一个公认的、统一的评价标准。

人具有自然性和社会性双重属性，现代健康观强调人体的统一性，既考虑到人的自然属性，又强调人的社会属性。人的生命活动不仅是一种生物现象，还是一种十分复杂的社会现象。因此，人体健康必须包含对社会的适应因素。社会适应良好是指个体对所处的社会环境有正确的认识，能够使自我与社会环境之间保持良好的协调和平衡关系。人与人之间、人与环境之间关系良好是社会适应良好的主要表现。扮演好各种社会角色（如同窗、朋友、邻居、公民、恋人、配偶、子女、父母等），并承担起相应的责任，是处理好人际关系的基础。

（四）道德健康

道德健康是指个体在人际交往过程中应遵循的健康行为准则，它对人的整体健康具有维护和促进作用。道德健康不仅要求人们关注自己的健康（如形成良好的生活方式、保持良好的心态等），还要求人们对他人的健康负责，将维护和促进整个群体健康的行为转化为自觉的行动（如为拯救他人的生命，主动献血；不在公共场合吸烟、吐痰等）。一个人的行为应既能促进社会的发展，又能满足个人的需要。一个道德健康者，应在不损害社会和他人利益的前提下，满足自己的需要和发展自己的个性。在竞争激烈的经济社会里，提倡公平竞争是符合道德原则的。

第二节 影响大学生健康的因素

一、影响大学生健康的主观因素

主观因素是影响大学生健康的内在因素，主要包括大学生的认知态度、自我意识、性格特点、自控自理能力等。这些因素的不同会使不同大学生对同一事物持不同的态度，从而对其心理健康产生不同的影响。

（一）认知态度

人的心理健康受情绪影响，而情绪受人的认知态度支配。不同的学生，由于家庭出身和生活环境不同，所受的学校教育及生活经历不同，会形成不同的认知态度与价值观，产生不同的情感体验。这些主观因素会对他们的心理健康产生不同的影响。例如，一些大学新生可能会对自己被录取的院校（系）和专业不满意。有的学生经过一段时间的学习，逐步转变了认知观念，开始喜欢自己所学的专业；而有的学生因现在的专业与其原来理想的专业存在较大差异，内心产生了激烈的冲突，从而感到痛苦万分。

（二）自我意识

外界事物和生活事件对心理健康的影响，都要通过个人对自我意识进行调节而实现。如果个人对自己的力量有充分的自信，就会冷静、沉着地面对现实，凭借自己的力量去战胜困难和挫折；如果个人对自己没有信心，就难以勇敢地面对现实的挑战。例如，有的学生无力应对学习上的困难和生活上的压力，并非由于智力低下或能力不足，而是由于自卑和对自己没有信心。

（三）性格特点

性格特点对个体应对生活中的突发事件的方式有着重要影响。研究发现，性格机敏、果断的人能够较好地应对突发事件，保持心理平衡，保持身心健康。

（四）自控自理能力

大学生活较为自由，大学生的自控自理能力对其学习习惯和生活习惯的形式有重要影响。大学生要有足够强的自控能力去抵制吸烟、赌博等不良习气，有足够强的自理能力处理好休息、学习、娱乐、健身之间的关系，做到劳逸结合、适量运动、节制上网、按时作息，以保持和促进身心健康。

二、影响大学生健康的客观因素

客观因素是影响大学生健康的外在因素。大学的人际交往不同于小学、中学封闭环境中单纯的人际交往。大学生处在一个与现实社会联系并相互作用的环境之中。环境的变化会带来个人生理和心理上的变化。

（一）社会因素

在市场经济大潮的冲击下，人们的行为方式和思维方式发生了许多变化。时代的变迁使各种复杂的矛盾呈现在人们面前，如职业选择的矛盾、理想与现实之间的矛盾、竞争意识与平均分配之间的矛盾、自强意识与攀附关系之间的矛盾，以及合理需要与现实条件之间的矛盾等。青年学生由于缺乏社会生活的磨炼，心理承受能力差。当他们面对较多的问题时会不知所措，这时就极易产生心理失衡现象，甚至导致心理疾患。影响心理健康、造成心理健康障碍的社会因素比较复杂，主要包括早期教育、家庭环境、生活事件、环境变迁等。

（二）学校因素

在现代社会中，有相当一部分学校只看重升学率，却忽视了对学生进行必要的世界观、人生观、价值观的教育和良好的行为训练，致使一些学生既不能对自己的行为做出客观评价，又不能对复杂的社会现象做出恰当的反应。许多学生为顺利通过高考，"两耳不闻窗外事"。家长的溺爱、学校的保护性教育和学生自身生活阅历的缺乏，使大学生的心理异常脆弱，心理承受能力较差。特别是近年来，随着生活水平的提高，一些学生在家过着养尊处优的生活，其唯我独尊的性格与高校对大学生独立自主、公平竞争的要求形成了强烈反差。现实与理想之间的差距使他们感到深深的失落，内心极为焦虑不安。有的学生消极地把自己封闭起来，在陌生的环境中形单影只，自暴自弃；有的学生因在竞争中失败而悲观失望。这些对大学生的身心健康都会产生不利影响。

（三）人际交往因素

大学生的人际交往包括与教师的交往、与同学和伙伴的交往、与恋人的交往等。大学提倡自由和自理，大学中的人际关系比中学时更复杂和多变。正确处理好与他人的关系，融入学校自由、积极、上进的氛围之中，使自己不孤立于集体之外，是大学生保证身心健康的重要因素。

恋爱问题成为大学中人际交往的一个重要部分。不少大学生将恋爱称为大学的"必修课程"。有的大学生尚未形成对情感的理性认识，没有处理情感问题的经验，遇到感情挫折不能及时地调整自己的心态，不能正确处理，容易出现心理问题，影响健康。

第三节 体育运动对健康的影响

一、适量运动对健康的影响

适量运动是指运动者根据个人的身体状况、场地、器材和气候条件，选择适合自己的运动项目，使运动负荷不超过自己的承受能力。运动过程中的运动强度、持续时间和运动频率应适宜。运动时的心率范围控制在 120～150 次/分。运动后机体无不良反应，略觉疲劳，恢复速度快。情绪和食欲良好，睡眠质量高，醒后感觉精力充沛。

（一）适量运动对人体生理机能的影响

1. 适量运动对运动系统的影响

运动系统是人正常生活、学习、工作和运动不可缺少的系统。运动生理学研究表明，进行体育活动有助于人体骨骼的发育和生长，有助于提高关节的灵活性，有助于增大肌肉的体积。

人的身高主要与自身的骨骼发育水平有关。大学生在经历了青春期较快的发育后，其骨骼的发育进入了缓慢阶段，但骨化过程尚未结束，其身高仍具有较强的可塑性。经常参加体育活动可有效促进人体的新陈代谢，使骨骼的新陈代谢活动加强、血液供应充足、骨细胞生长能力增强，从而使骨的长度增加，骨密质增大，骨变粗，骨组织的排列更加整齐而有规律，机械稳定性加强。

关节是构成人体形态、连接骨骼的组织结构。运动可使韧带和肌腱的柔韧性和力量增强，使关节的稳定性增强、活动范围扩大，从而使人的动作舒展大方、优美协调。

肌肉是人体运动的动力组织，也是健美体型的外在组成部分。大学生的肌肉发展特点是肌纤维从纵向发展转向横向发展。大学生进行体育锻炼时，其肌肉的不断伸缩可使肌球蛋白不断增加，使肌肉储存水分的能力提高，从而有利于加强肌肉的氧化反应；可使肌纤维的供能中心线粒体数量增加，使人体不易产生疲劳；可使肌肉结缔组织增厚，肌纤维的数量增加和横断面积增大，肌肉的力量增大，使肌肉更结实、丰满，从而明显改善身体的形态。

2. 适量运动对血液循环系统的影响

人的血液循环系统是由心脏、血管和血液三个部分组成的，它担负着人体内新陈代谢过程的运输任务。心脏是血液循环的总动力中心。大学生的心脏在形态结构和功能上均已接近成人的水平，心脏重量为 300～400 克，心脏容积为 240～250 毫升，心跳频率为 65～75 次/分，血液总量占体重的 7%～8%。

进行体育锻炼时，锻炼者心脏毛细血管开放的数量增多，心肌的血液供应和新陈代谢加快，心肌中蛋白质和糖原的储备增加，心肌纤维变粗，心壁增厚。随着心肌收缩力量的增强，心脏容量也得以增加。心脏每搏输出量和每分钟输出量也会增加。有资料表明，一般人每搏输出量为 70～90 毫升，而经常锻炼的人，每搏输出量为 100～120 毫升。安静时，一般人的心率为 70～80 次/分，而经常锻炼者的心率可下降到 50～60 次/分；剧烈运动时，一般人的心率只能达到 180 次/分，而经常锻炼者的心率可达到 200 次/分。这些变化都是血液循环系统机能增强的表现。

此外，适量运动还会影响血管壁的结构，改变血管在器官中的分布状态，使冠状动脉口径变粗、心肌毛细血管的数量增加。因此，适量运动是预防心血管疾病、保护心脏健康的一种有效手段。

3. 适量运动对呼吸系统的影响

人体的呼吸系统由呼吸道（包括鼻、喉、气管和支气管）和肺组成。呼吸道是呼吸时气体的通道，肺是进行气体交换的场所。大学生肺的结构和机能发育迅速，呼吸肌肌力逐渐加强，呼吸频率逐渐减慢，呼吸深度相应增加，呼吸系统已经达到健全程度。

经常参加体育锻炼可使呼吸系统的机能得到改善，原因是运动可以保持肺组织的弹性，扩大胸廓活动范围，加大呼吸深度，增加肺活量。一般情况下，成年男子的肺活量为 3500 毫升左右，成年女子的肺活量为 2500 毫升左右，而经常锻炼的成年男子，其肺活量可达到 4000～7000 毫升，经常运动的成年女子，其肺活量可达到 3500 毫升左右。适量运动还可使呼吸系统的通气和换气功能增强。保持在安静时，一般人的呼吸频率为 12～20 次/分，肺通气量为 6～8 升/分，而经常锻炼的人的呼吸频率保持在 8～10 次/分并在此可达到同样的肺通气量。在定量工作时，呼吸机能还能表现出节省化现象，即能够较长时间地保持高效率的工作，能够满足较大运动负荷对呼吸系统的要求。

4. 适量运动对神经系统的影响

神经系统包括中枢神经系统和周围神经系统。中枢神经系统负责整个机体的活动；周围神经系统散布于机体各处，上连中枢神经，下连各器官、组织，负责把各种刺激传递至中枢神经，并把中枢神经系统的指令传达到机体各个部分。人体器官、组织的活动都是在神经系统的调节、控制下完成的。大学生的神经系统处于脑细胞建立联系的上升期。他们的大脑神经细胞分化机能迅速发展，其大脑皮质的结构和功能也在迅速发展。

经常参加体育锻炼可使人的头脑清醒、思维敏捷。大脑的重量虽然只占体重的 2%，但它所需要的氧气需由占心脏总血流量 20% 的血液来供应，比肌肉工作时所需的血流量还要多。因此，进行体育运动，特别是在大自然中活动，可以改善大脑供血和供氧情况，促使大脑皮质兴奋性增强。

人体神经系统的活动是兴奋和抑制相互转换的过程。进行体育锻炼是调节大脑皮质兴奋和抑制过程的有效措施。在运动过程中，人体肌肉需要不停地做出收缩和放松的反应，这一过程本身就是对神经系统兴奋和抑制机能很好的锻炼，可以使人的动作敏捷，反应灵敏、迅速，思维灵活，同时也可以改善神经系统对血液循环系统、呼吸系统、运动系统等的调节功能，从而更好地保证大学生在校期间的学习质量。

5. 适量运动对免疫功能的影响

适量运动可增强机体对运动应激的生理性适应能力，具体表现为机体免疫机能增强，个体抵抗病毒的能力增强，不易感冒。

6. 适量运动对消化功能的影响

适量运动可促进人体肠胃蠕动，促进血液循环，增加消化液分泌，加速人体对营养物质的转化和吸收。

7. 适量运动对身体成分的影响

适量运动可促进脂肪的分解和肌肉蛋白质的合成，使体脂率降低、瘦体重增加，有利于改善身体成分。

8. 适量运动有利于防治疾病

适量运动可使轻度高血压患者的血压下降，延缓动脉粥样硬化斑块的形成，增加冠状动脉血流储备；可有效延缓骨质疏松的发生；有助于调节神经系统的活动状态，协调各中枢间兴奋与抑制的平衡，改善其机能活动，防止神经衰弱的发生；有降低血脂、辅助防治糖尿病的作用。

9. 适量运动有利于延缓衰老

适量运动可以改善人的心血管机能，促进脂代谢，保持机体自由基的生成与清除的动态平衡，提高机体的新陈代谢和抗氧化能力，增强免疫系统机能，改善内分泌功能，从而起到延缓衰老的作用。

（二）适量运动对人体心理机能的影响

1. 适量运动有助于改善情绪状态

在繁重的学习压力下，一些学生容易产生忧愁、紧张、压抑等情绪反应。参加体育活动可以改变个体不愉快的情绪，原因是运动能够提高人的情绪唤醒水平。唤醒水平是指一个人情绪兴奋的水平。当运动达到一定的负荷时，人的情绪唤醒水平就会提高，从而使人精神振奋、乐观自信、充满活力。

2. 适量运动有助于培养坚强的意志品质

坚强的意志品质既是在克服困难的过程中表现出来的，又是在克服困难的过程中培养的。人们在体育运动中，需要不断地克服各种客观困难（如气候条件的变化、动作难度加大、发生运动损伤等）和主观困难（如惰性、胆怯、畏惧等）。坚持参加体育运动有助于培养大学生坚强的意志品质，这种意志品质可以被迁移到学习、生活和工作中。

3. 适量运动有助于培养人际交往能力

人际交往是指在社会活动中，人与人之间进行信息交流和情感沟通的联系过程。人际交往能力强是一个人心理健康的重要标志之一。适量运动有助于培养学生的人际交往能力，原因是体育运动可以增加人与人接触和交往的机会。很多体育运动项目需要以集体参与的方式进行。参加体育运动的过程就是个体与他人紧密协作和配合的过程。

4. 适量运动能够辅助防治心理疾病

体育运动被公认为是一种有效的心理治疗方法。社会竞争的日益激烈和生活压力的加大容易使人产生悲观、失望的情绪，进而导致抑郁、焦虑等各种心理障碍。适量运动有助于缓解这些心理不良心理症状，辅助治疗心理疾病，消除心理障碍。

二、过度运动对健康的影响

过度运动包含两个方面的含义：一是运动负荷超过人体的承受能力，机体在精神、能量等方面过度消耗，无法在正常时间内恢复；二是当身体的某些机能发生改变时，如恢复手段无效、营养不良、情绪突变、思想波动等，正常的负荷对个体而言变成超量负荷，导致其主动运动变为被动的应激刺激。过度运动容易导致个体的运动能力减退、出现某些不正常的生理状态及心理症状等。

过度运动可造成心肌毛细血管的持续性损伤，使心肌细胞发生缺氧性损伤，使心肌收缩性能和舒张性能受到影响；可造成骨骼肌收缩机能下降，使肌细胞内钙离子平衡紊乱，导致关节慢性劳损、肌腱损伤、疲劳性骨折；还会使人体内各器官供血、供氧失去平衡，导致大脑早衰、内分泌失调、免疫机制受损，加速身体各器官的衰老。

三、运动缺乏对健康的影响

运动缺乏可体现为久坐习惯、机体缺乏运动应激刺激、不运动或很少运动。每周运动不足 3 次，每次运动时间不足 10 分钟，运动强度偏低，运动时心率低于 110 次/分，即运动缺乏。

运动缺乏将对人体健康产生不利的影响。长期缺乏运动，人的新陈代谢机能就会降低，容易引发肌肉、关节的各种疾病，如肩周炎、骨质疏松症等，还可能导致心肺机能下降等不良身体反应。久坐不动是痔疮、坐骨神经痛、盆腔淤血等病症的诱发因素。运动缺乏可使人体的抵抗力下降，使心肌损伤、脑卒中、糖尿病及心绞痛的发病率明显提高，加速衰老。运动不足还是 2 型糖尿病发病的危险因素。

四、终身体育与个体健康

运动对人体的双向性影响特征说明：生命不仅在于运动，还在于科学地运动。大学生要真正做到"健康第一"、达到强身健体的目的，就必须树立终身体育的理念，养成终身体育锻炼的习惯。

终身体育是指人们在一生中所进行的身体锻炼和所受到的各种体育教育的总和。终身体育是与生命教育具有共同外延的一种连续性的教育过程。伴随着个体年龄、体力、心境、环境和观念的变化，终身体育的侧重点也会发生阶段性变化：儿童注重体育的游戏性，青少年侧重体育的竞争性，中青年较多关注体育的社交性，老年人主要关注体育的自娱性。体育锻炼贯穿每个人生命的全过程。

当代大学生要想顺利完成学业，在激烈的社会竞争中取胜，更应重视和确立终身体育意识，培养终身体育锻炼的兴趣，掌握终身体育锻炼的知识，提高终身体育锻炼的能力，养成终身体育锻炼的习惯，以远离疾病和衰弱，度过身心健康的一生。

▶ 第三章 体育锻炼的理论及方法

第一节 体育锻炼的生理学基础

一、人体的基本结构及组成规律

人体的基本结构，从外形看，主要包括头、颈、躯干、四肢等主要部分；从内部看，主要包括肌肉、骨骼、心、肝、肺、肠、胃等器官。如果用显微镜来观察就可以发现，人体的任何部位、器官都是由基本相同的结构单位组成的，这就是细胞。细胞是组成人体的形态、结构、机能和实现人体生长发育的基本单位。作为组成人体的基本单位，细胞不是无序的堆积，而是按照一定的组合规律组成组织的。由多种组织构成的具有一定生理功能的结构称为器官；由若干个功能联系密切的器官构成的执行统一功能的结构体系称为系统。若干个功能不同的系统共同组成了完整的人体。人体各系统在神经系统的统一控制、调节下执行着人体的各种功能。

由此可以看出，人体的组成规律是细胞—组织—器官—系统—完整人体。

二、肌肉及其收缩形式

人体肌肉共有 639 块。肌肉根据其结构和功能分为平滑肌、心肌和骨骼肌。骨骼肌收缩时，会牵引它所附着的骨骼产生运动。对每一块引起运动的肌肉来说，总有另一块肌肉会产生与之相反的动作。例如，一块肌肉能使我们的腿弯曲，同时还会有另一块肌肉能将其拉直。

肌肉收缩时会产生长度和张力的变化。根据收缩时肌肉长度和张力变化的特点，肌肉的收缩形式可分为等长收缩和等张收缩两种。

1. 等长收缩

当肌肉收缩产生的张力等于外力时，肌肉积极收缩，但长度不变，这种收缩形式称为等长收缩，如站立、悬垂、支撑等。

2. 等张收缩

等张收缩根据运动形式又可分为向心收缩、离心收缩和等动收缩。

（1）向心收缩。

向心收缩是肌肉收缩时长度变短的收缩形式，其特点是肌肉收缩使肌肉的长度缩短，起止点相互靠近，引起身体的运动，如哑铃屈肘等。

（2）离心收缩。

当肌肉收缩产生的张力小于外力时，肌肉积极收缩，长度变长，起止点逐渐远离，这种收缩形式称为离心收缩。

在体育锻炼中，向心收缩和离心收缩通常体现在一个动作中。例如，做哑铃弯举动作时，收起是向心收缩，放下是离心收缩。

（3）等动收缩。

等动收缩是指在整个关节活动范围内，肌肉以恒定的速度进行的最大用力收缩，如自由泳中手臂的划水动作。在日常体育锻炼中，实现等动收缩需要利用专门的器械，最基本的就是等速拉力器。

三、体育锻炼的能量供应

（一）物质代谢

碳水化合物、脂肪、蛋白质、水、无机盐、维生素和膳食纤维七大营养物质是人体生命活动的物质基础。食物在人体内经过物理、化学变化，进行物质代谢后，可以转化为能量，供人体活动使用。人体在参加体育运动时，由于肌肉频繁收缩和舒张，脏器活动增强，能量消耗也会增加。这就是体育锻炼可以促进人体的新陈代谢、提高机能活动水平、增强体质的原因所在。

碳水化合物是人体生命活动中能量的主要供应者，它在人体内除了供应能量外，还可以转化为蛋白质和脂肪来储存能量。人在进行体育运动时，体内能量消耗大，肝脏储存的糖原便转化成葡萄糖进入血液，由血液输送到肌肉中，以满足运动的需要。人们经常参加体育运动，可以使体内碳水化合物的储备量增加，使人体调节碳水化合物代谢的能力加强，从而使血糖水平在较长时间内保持稳定，提高身体耐力。

脂肪是人体细胞的组成部分，包括甘油三酯、磷脂和胆固醇三大类，是人体主要储存能量的场所。脂肪在体内氧化所释放出的能量约为同质量的碳水化合物或蛋白质释放的能量的两倍。脂肪还可以起到保护器官、减少关节摩擦和保持体温的作用。但脂肪过多对人体也是有害的。人们经常参加体育锻炼，可以防止肥胖，预防因脂肪过多而产生的疾病。

蛋白质是生命的基础，是细胞的主要组成部分，也是能量的来源之一。肌肉收缩、神经系统的活动、血液中氧的输送、参与各种生理机能调节的许多激素的合成都与蛋白质有关。人体内有一类能加速各种化学反应的酶，其化学本质也是蛋白质。人们参加体育锻炼，能提高酶的活性，有利于加快人在运动时体内能量的供应和运动后补充消耗的物质。

水在人体的组成中含量最高。成人体内的含水量约占总体重的65%。水不但可以维持体温，参加人体内的水解，促进物质的电离，还有润滑的作用，也是运输营养物质及代谢废物的工具。锻炼者在运动中和运动后补水，可以保持机体水代谢的平衡。

无机盐也是人体细胞的组成部分。它在维持体液的渗透压、血液的酸碱度、神经及肌肉的应激性方面具有重要的作用。因此，人们在运动时要注意补充无机盐。

维生素是维持生命和人体正常机能不可缺少的一种营养素。它起着调节物质代谢、保障生理功能的作用。有的维生素直接影响人体的运动能力。如果维生素摄入量不足，人体的正常代谢和生理机能会就受到影响；如果维生素摄入量过多，则可能会引起人体代谢紊乱。因此，控制维生素的摄入量十分重要。

膳食纤维是指植物中不能被人体消化、吸收和利用的多糖类碳水化合物，包括纤维素、半纤维素、木质素、果胶等。膳食纤维的主要功能是维护肠道生态平衡、预防心血管疾病等。

（二）能量代谢

肌肉活动是人体运动的动力。肌肉收缩时，能量的直接来源是三磷酸腺苷（ATP）的分解，最终来源是碳水化合物或脂肪的氧化分解。

肌肉活动时，肌肉中的三磷酸腺苷在酶的催化下，首先迅速分解为二磷酸腺苷（ADP）和无机磷酸，同时释放能量。肌肉中的三磷酸腺苷的储备量很少，必须边分解边合成才能满足持久的肌肉活动的需要。事实上，三磷酸腺苷一旦被分解，其产物就会立即与其他物质作用再合成三磷酸腺苷。当肌肉中存在二磷酸腺苷时，肌肉中的另一种高能磷化合物——磷酸肌酸（CP）会立即分解为磷酸和肌酸，并释放能量，供给二磷酸腺苷再合成为三磷酸腺苷。肌肉中磷酸、肌酸的含量也是有限的，必须不断地再合成。磷酸、肌酸再合成所需要的能量，均来自碳水化合物的氧化分解。根据当时机体氧供应的情况，碳水化合物的供能方式有两种：当氧供应充足时，来自碳水化合物（或脂肪）的有氧氧化；当氧供应不足时，能量来自碳水化合物的无氧酵解，其结果是形成乳酸。在氧供应充足时，一部分乳酸继续氧化，释放能量，使其余部分乳酸再合成为肝糖原。因此，肌肉收缩的最终能量来源是碳水化合物或脂肪的有氧氧化。

运动时，人体以何种方式供能，取决于需氧量与吸氧量的相互关系。当吸氧量能满足需氧量时，机体即以有氧氧化方式供能。当吸氧量不能满足需氧量时，其不足部分将依靠无氧酵解方式供能。运动时的需氧量主要取决于运动强度。运动强度越大，需氧量越大，无氧酵解供能的比例也越大。

有氧氧化与无氧酵解是人体在不同活动水平上根据需氧量的不同情况采取的紧密相连、不可分割的两种供能方式。人在进行任何一种项目的体育锻炼时，其能量供应方式总是包括有氧氧化与无氧酵解两种，只是在不同的运动项目中，这两种供能方式所占的比例不同。这种比例上的差距既是不同运动项目的供能特征，也是个体采用不同锻炼方法的依据之一。

四、体育锻炼与氧运输

人体的氧运输任务是由循环系统来完成的。循环系统把氧气和营养物质运输到组织中，同时把代谢废物等排出体外。

循环系统是由心脏和血管构成的血液运输管道。血液把人体所需的氧气和养料，通过复杂的血管网运送到全身各处。血管主要有三种类型：将血液输出心脏的动脉、将血液输入心脏的静脉、遍布全身组织且连接动脉和静脉的毛细血管。

在氧运输中，呼吸系统功能的强弱决定着血液和外界环境气体交换的多少。循环系统功能的强弱决定着组织、器官获得氧气的多少。就运动过程而言，循环系统决定着机体的供氧能力。

第二节　体育锻炼的原则及方法

大学生是祖国的未来、社会的栋梁。建设伟大的祖国，完成党和国家交给的任务，不仅需要他们掌握先进的科学文化知识，还要求他们拥有强健的体魄。要通过体育锻炼来达到强健身体的目的，我们必须遵循科学锻炼身体的原则和方法。大学生如果只凭主观热情盲目锻炼，不仅不能取得良好的锻炼效果，有时还会损害身体健康。

一、体育锻炼的原则

体育锻炼的原则是体育锻炼客观规律的反映，也是锻炼者安排锻炼计划、选择锻炼内容、运用锻炼方法时必须遵循的基本准则。以下五项原则是人们在体育锻炼实践中总结出来的经验，可以为锻炼者达到理想的健身效果提供科学的指导。

（一）区别对待原则

区别对待原则是指锻炼者进行体育锻炼时应根据自己的年龄、性别、健康状况、运动基础、爱好等实际情况，合理地选择锻炼内容、方法和安排运动负荷，科学地进行体育锻炼，以取得最佳的锻炼效果。

锻炼者在体育锻炼中遵循区别对待原则，应做到以下几点。

（1）根据个人的实际情况，制订实用可行的锻炼计划，注意根据实际锻炼情况做阶段性调整，尽量严格执行该计划。

（2）选择运动项目时，应注重运动项目的锻炼价值，不要过于追求单个技术动作的难度及完美性。没有运动基础的锻炼者应选择简便易行、锻炼价值大、效果好的身体练习形式作为锻炼的主要内容，如跳绳、健步走、慢跑等。

（3）安排运动负荷时，应考虑自己所能承受的身体和心理负荷水平。锻炼时，运动量应以个体自我感觉良好为宜，并且锻炼不会影响正常的学习和生活。

（二）经常性原则

经常性原则是指锻炼者应长期地、不间断地、持之以恒地进行体育锻炼。长期的体育锻炼能使人体结构和机能产生适应性变化，增强体质，提高机体免疫力。短时间的体育锻炼能对身体产生一定的影响，但这种体育锻炼一旦停止，其良性影响就会很快消退。因此，体育锻炼贵在坚持。锻炼者不要期望在短时间内取得显著效果，要想保持旺盛的体力和精力，就必须长期坚持体育锻炼。

锻炼者保持体育锻炼的经常性，应做到以下几点。

（1）根据个人能力的高低，确立一个能够实现的体育锻炼目标（不宜太高），制订切实可行的锻炼计划（以能长期坚持为宜）。

（2）一旦参加体育锻炼，就应自觉地坚持下去，期间可以更换运动的内容和项目，但尽量不要停止锻炼，这样才能对身体产生良好的影响。

（3）强化锻炼意识，保证一定的体育锻炼时间，并逐步养成锻炼习惯，使体育锻炼成为日常生活中的重要组成部分。

（4）因气候条件不能在室外锻炼时，可改在室内进行锻炼。暂时变换锻炼的内容，不会对锻炼效果造成明显影响。因学习任务繁重而不能按原计划进行体育锻炼时，可充分利用闲散时间进行体育活动，一天进行几次短时间的体育活动同样能取得较好的锻炼效果。

（三）循序渐进原则

循序渐进原则是指锻炼者进行体育运动必须遵循自然发展、逐步适应的基本规律，从实际出发，合理安排运动负荷，逐渐提高锻炼水平。在体育锻炼过程中，运动技能的学习应由易到难，由简到繁；运动量的安排应由小到大，逐渐增加。运动负荷的大小因人、因时而异。运动负荷是否适宜，对锻炼效果的好坏有重要影响。即便是同一个人，在不同的机能状态下、不同的时间段内，对负荷的承受能力也不尽相同。因此，锻炼者进行体育锻炼时应循序渐进，逐步增加运动负荷，不断提高自己的锻炼水平。

锻炼者遵循循序渐进锻炼原则，应做到以下几点。

（1）对于体育锻炼，切忌急于求成。锻炼者必须根据自己的实际情况确定运动负荷，做到量力而行，尤其要注意在锻炼后应采取有效的措施缓解疲劳感。

（2）缺乏运动基础或中断体育锻炼过久的人在恢复体育锻炼时，宜进行强度小、时间短、频率适中的运动，不宜参加紧张剧烈的竞赛活动。

（3）注意逐渐增加机体已经适应的运动负荷，使体能保持不断增强的发展趋势。

（四）全面性原则

全面性原则是指体育锻炼必须追求身心的全面、协调发展，使身体形态、机能、身体素质、心理素质等方面得到全面、协调发展。人体是由各个局部构成的一个整体，各个局部均遵循"用进废退"的规律发展。体育锻炼能促进机体的新陈代谢，使各组织、器官、系统和谐地发展，以达到身心均衡发展的完美状态。

锻炼者遵循全面性原则进行体育锻炼，应注意以下几点。

（1）身心的全面发展要从适应环境、增强抵抗疾病的能力、改善机体形态、提高机体的生理机能、陶冶情操、丰富业余文化生活等方面开始。

（2）所选择的体育锻炼项目要丰富多样。不同的体育锻炼项目对身体机能的影响不同，多样化的锻炼项目有利于身体机能的全面提高。

（3）体育锻炼应注重锻炼身体的不同部位，提高各项身体素质，不可局限于身体局部的锻炼或某一项素质的提高。

（4）在全面锻炼的基础上，有目的、有意识地加强专业实用性体育锻炼。

（五）安全性原则

锻炼者进行任何形式的体育锻炼都要注意安全。体育锻炼如果安排得不合理，违背了科学锻炼的规律，就可能导致伤害事故。安全性原则要求锻炼者在体育锻炼的过程中始终注意保护自己，做到安全第一。

锻炼者遵循体育锻炼的安全性，应注意以下几点。

（1）在体育锻炼前做好充分的准备活动，以克服内脏器官的生理惰性，预防运动损伤。

（2）要全身心地投入体育锻炼。在锻炼过程中不要开玩笑，不要分心，以免发生运动损伤。

（3）最好不要在沥青路面和水泥地面上跑步或跳健美操等，以防出现各种劳损症状。

（4）不要盲目地进行体育锻炼，应在体育教师或健身教练的指导下，有目的、有计划地进行科学、安全的锻炼。

（5）在每次锻炼后，要注意做好整理活动。这样有利于促进体力的恢复，以便迅速投入学习与生活中。

上述几项原则是互相联系、互相制约的。锻炼者在锻炼时遵循以上原则，有助于不断增强体质，取得预期的健身效果。

二、体育锻炼的方法

体育锻炼的方法是人们根据人体的发展规律，利用各种身体练习手段和自然因素来发展身体素质的途径和方法。锻炼者在锻炼时应从实际出发，灵活应用各种体育锻炼方法，并注意它们之间的互补性，交替使用，做到有主有从。

（一）重复锻炼法

重复锻炼法是指锻炼者按照一定的负荷标准重复进行某项练习的方法。重复锻炼的次数和时间是决定健身效果的关键。锻炼者在确定和调节重复锻炼的次数和时间时，应考虑运动项目的特点和自己的身体状况。

锻炼者采用重复锻炼法的注意事项如下。

（1）合理确定重复锻炼的要素，如重复锻炼的总次数、每次重复锻炼的距离或时间、每次重复锻炼的强度（如速度或重量等）、每次重复锻炼的间歇时间等。

（2）切实保证每次重复锻炼的质量。不能因重复次数多而降低动作要求，也不能因为疲劳的出现而减少计划的练习数量。

（3）克服厌倦情绪，防止机械呆板。在采用重复锻炼法时，一方面要加强意志力的锻炼，克服因重复锻炼产生的枯燥感；另一方面可安排调整措施，如在锻炼前后安排一些轻松、活泼的辅助性锻炼等。

（二）间歇锻炼法

间歇锻炼法是指锻炼者进行重复锻炼时在两次练习之间安排合理间歇的方法，它是提高锻炼效果的一种常用的锻炼方法。间歇时间主要以运动负荷价值阈为准。一般来说，当运动负荷超过运动负荷价值阈上限时，间歇时间应长些，以防止负荷继续增加引起过多的体力消耗；当运动负荷在运动负荷价值阈下限时，间歇时间应短些，运动频率应大些。下次锻炼应在上次锻炼的效果未减退时进行。倘若间歇时间过长，上次锻炼的效果消失后再进行下次锻炼，间歇就没有意义了。

体育锻炼有效价值范围的心率为 120～140 次/分。锻炼者持续锻炼 5 分钟以上才能达到健身效果。

锻炼者采用间歇锻炼法的注意事项如下。

（1）合理确定间歇时间。间歇时间应根据个人的身体状况和锻炼水平确定。当锻炼者的运动水平较差或承担的生理负荷较大时，间歇时间应长些；反之，间歇时间应短些。

（2）要在间歇时安排轻微的活动。在间歇期，锻炼者应该进行积极性的休息和放松，如进行慢跑、按摩肌肉或做深呼吸运动，以此来促进静脉血流回心脏，保证机体的氧气供给。

（3）间歇锻炼法对机体承担负荷的能力要求较高，锻炼者要加强身体对负荷承担情况的监测。身体如有不适，锻炼者要及时调整锻炼方案。

（三）变换锻炼法

变换锻炼法是指锻炼者在体育锻炼过程中，采用变换条件、变换环境、变换要求等方式来增强锻炼效果的一种锻炼方法。锻炼者采用变换锻炼法可以有效地调节生理负荷，提高锻炼积极性，强化锻炼意志，克服疲劳和厌倦情绪。锻炼者采用各种辅助性、诱导性和转移性锻炼方法，并配合乐曲，以及有效地利用日光、空气、水等外界条件，可以达到较好的锻炼效果。

锻炼者采用变换锻炼法的注意事项如下。

（1）锻炼方式要根据锻炼的实际需要确定。运用变换锻炼法容易改变原有的锻炼习惯和行为定式，因此，锻炼者变换锻炼方式前要做好充分的准备活动，给予机体一定的适应时间，并要结合长远计划适当调整锻炼方式。

（2）要灵活掌握变换锻炼法，注意积累有关材料和反馈信息。变换锻炼法改变了常规的锻炼方式，具有尝试性，因此锻炼者必须加强锻炼过程的自我监督，视身体反应随时调整锻炼方式；对新的锻炼方式应注意观察和总结，为制订新的锻炼计划提供依据。

（3）在采用变换锻炼法时，要将注意力集中在所要进行的活动上。

（四）循环锻炼法

循环锻炼法是指锻炼者将各种类型的动作和具有不同练习效果的手段组成一组锻炼项目，按照一定的顺序循环地进行锻炼的方法。

锻炼者采用循环锻炼法的注意事项如下。

（1）选择已经掌握的简单易行的动作进行练习，同时要规定练习的次数、动作规格和要求。

（2）对于初次锻炼者或体弱者而言，锻炼的时间不宜过长。

（3）根据自己在锻炼中的体力状况和身体反应，及时调整运动强度和锻炼方式，防止运动损伤和过度疲劳。

（4）重视每组动作的质量，防止片面追求运动频率或运动量的倾向。

（五）综合锻炼法

综合锻炼法是指锻炼者在进行身体锻炼的过程中，为促进身体的全面发展，把能对身体各个部位起到不同健身效果的几个或多个运动项目组合起来形成的可影响身体数个部位乃至全身所有部位的运动方法，如慢走—跳绳—立卧撑—引体向上—立定跳远综合锻炼法。

锻炼者采用综合锻炼法的注意事项如下。

（1）根据锻炼身体的目标，将两个以上具有不同身体发展功能的运动项目进行合理搭配，组合在一起练习。

（2）合理确定各项练习的数量和次序。采用综合锻炼法时，可将各个运动项目的练习数量平均分配，以求均衡发展，也可确定一个中心项目，使其余项目围绕此项目进行。

（3）合理掌握练习间歇。综合锻炼法有两种间歇形式：练习间间歇和组合间间歇。练习间间歇时间较短，既是上一项练习后的休息和体力恢复时间，又是下一项练习的准备时间；组合间间歇时间可稍长，以保证机体能得到较充分的休息。

第三节 运动处方的制订和实施

一、制订运动处方的原则

体育锻炼的目的是提升运动水平和增进健康。要想获得良好的体育锻炼效果，锻炼者就必须自觉地遵循体育锻炼的原则，并根据自己的身体状况和爱好，选择适当的运动项目和运动方式，在运动处方的指导下进行锻炼。

（一）FITT-VP原则

运动指导者制订运动处方应遵循FITT-VP原则。F、I、T、T、V、P是首字母缩写，分别代表frequency（运动频率）、intensity（运动强度）、time（运动时间）、type（运动形式）、volume（运动量）、progression（运动计划的进度）等英文单词。运动指导者在制订运动处方时，应考虑运动频率、运动强度、运动时间、运动形式、运动量、运动计划的进度几项因素。

运动频率是指每星期锻炼的次数。运动频率越高，人体消耗的热量就越多；运动频率越低，身体机能恢复的时间就越长。因此，要想获得良好的体育锻炼效果，锻炼者每星期应锻炼3～5次。

运动强度是指身体所要承受的负荷水平。运动强度越大，人体消耗的热量就越多。锻炼者控制运动强度大小，必须遵循循序渐进的原则，充分考虑自己的身体状况和适应能力。例如，进行有氧运动时，锻炼者宜将心率控制在最大心率的60%～80%。

运动时间是指每次锻炼的持续时间。它与体能消耗是呈正比的。因此，运动时间与运动频率、运动强度的不同组合（如增加运动强度、减少运动频率和运动时间的组合，或者减小运动强度、增加运动频率和运动时间的组合），会产生不同的锻炼效果。为了提高心肺功能，锻炼者每天应持续进行20～30分钟的有氧运动。

运动形式（type）是指不同的运动类型。运动可分为有氧运动、无氧运动。有氧运动项目包括健步走、远足、慢跑、跳绳、游泳、跳操、骑自行车、划船等。锻炼者持续进行30分钟或以上的有氧运动，可使大腿肌肉和有氧能量系统进行韵律性运动。无氧运动是使无氧能量系统进行短暂的（30分钟以下）爆发性运动，包括举重、短跑、投掷等运动项目。无氧运动的主要功能是锻炼肌力和肌耐力。

运动量是由运动频率、运动强度和运动时间共同决定的。经证实，保持适当的运动量对增进健康有重要作用，其对身体成分和体重管理来说尤为重要。

运动计划的进度取决于锻炼者的健康状况、健康体适能、锻炼反应和制订运动计划的目的。专业人员在实施运动计划时，可以通过提高运动频率、增加运动时间和运动强度中的任何一项或几项来达到目的。在运动计划的开始阶段，锻炼者应逐渐增加运动时间。对成年人来说，较合理的运动计划进度是在开始的 4～6 周，每 1～2 周将每次锻炼的时间延长 5～10 分钟；规律锻炼至少 1 个月后，在接下来的 4～8 周，逐渐提高运动频率、增加运动时间或运动强度，直到达到推荐的数量和质量。锻炼者在锻炼时，应该遵循循序渐进的原则，避免大幅度提高运动频率、增加运动时间或运动强度，这样可以将肌肉酸痛、运动损伤、过度疲劳的发生概率及过度训练潜在的长期风险降到最低。锻炼者若因运动量增加产生不良反应，如运动后呼吸急促、疲劳、肌肉酸痛等，无法承受调整后的运动强度，则应减少运动量。

（二）个性化原则

由于每个人的身体条件千差万别，制订健身运动处方应因人而异。

（三）动态性原则

每个人的身体状况和客观条件都处于动态变化中。严格地说，上周的健身运动处方就不一定适合本周的锻炼。因此，运动指导者要依据锻炼者个人的身体状况和客观条件变化不断地对运动处方进行调整，以使其符合锻炼者的实际情况。

（四）以体质为基础原则

在制订运动处方时，体质要素比性别和年龄要素更为重要。以个人体质情况为基础制订的运动处方才是最适宜的。

（五）安全和有效性原则

为了提高全身耐力水平，运动必须达到可以改善心肺功能的有效强度，即靶心率范围。如果运动强度超过了靶心率范围上限，锻炼者就可能有危险，此运动强度或运动量界限被称为安全界限；达到靶心率范围最低效果的下限对应的运动强度或运动力量被称为有效界限。安全界限和有效界限之间就是运动处方安全而有效的范围。

二、实用健身运动处方范例

耐力健身运动处方范例如下。

姓名：×××　　性别：男　　年龄：21 岁　　　　日期：2020 年 5 月 26 日

身高：170 厘米　　　　　体重：57 千克

基础代谢率：155.9 千焦/平方米·小时　　　　　体脂百分比：10.89%

体重指数：19.7　　　　　肥胖程度：91%

心脏功能能力：14.0

机体所能完成的最大强度活动的能量代谢当量：属于良好水平。

心脏每分钟可供给全身的最大氧气量约为 2.8 升。

心脏每分钟可供给每千克体重的最大氧气量约为 49 毫升。

专家建议：

1. 运动强度

（1）运动能力：8.4～11.2 梅托；主观疲劳感觉：13。

（2）靶心率：运动时心率保持在 145～174 次/分。如果运动时心率低于 145 次/分，则锻炼效果不佳；如果运动时心率超过 174 次/分，容易造成运动损伤。

2. 锻炼项目

（1）跑步锻炼：速度为 7.8～10.7 千米/时或 130～178 米/分。

（2）骑功率自行车：功率为 118～170 瓦。

（3）其他锻炼项目：足球、篮球、跳绳（60～80 次/分）等。锻炼者在锻炼时应随时按照靶心率调整运动强度，短时间内允许心率超过靶心率 6～12 次/分，但应及时降低运动强度，使心率回到靶心率范围内。

3. 锻炼时间

每次锻炼 30～60 分钟。一次锻炼至少持续 30 分钟，除了准备活动和整理活动外，至少要有 20 分钟运动时间，使运动时心率保持在 145～174 次/分。

4. 锻炼次数

每周锻炼 3～5 次。坚持每周按照运动处方进行周期性有氧运动 3 次（隔日一次），即可获得显著的锻炼效果。如时间充裕，可每周增加 1～2 次自己喜爱的运动。

5. 热量消耗

按照运动处方锻炼，每次运动可增加热量消耗 206～548 千卡；一周运动 3～5 次，可增加热量消耗 617～2741 千卡，相当于减少脂肪 0.06～0.36 千克。坚持锻炼可以降低身体内脂肪的含量，增加肌肉的质量。

6. 注意事项

（1）锻炼者在锻炼时应注意监测自己的心率或脉搏，使其保持在靶心率范围内。

（2）心率测量方法：在运动 5～10 分钟后，暂停运动，由从桡动脉或颈总动脉处测量 10 秒脉搏的次数乘以 6 得出心率，按此心率及时调整运动强度。如果条件允许，可使用电子心率计，设置靶心率的上下限，可随时了解运动中的心率，并可在低于或高于靶心率时，及时得到提醒。

（3）注意平衡饮食。保持积极、乐观的心理状态。

第四章 体育欣赏

第一节 体育欣赏的意义

随着社会的进步和竞技体育及新闻传媒的迅速发展，体育欣赏已成为人们业余生活的重要组成部分。

体育比赛有其独特的价值，区别于其他任何文化娱乐活动。体育欣赏不仅能调节情绪、陶冶情操，满足人们追求美好生活的要求，还能振奋民族精神，激发大众的体育意识，使人们积极地投入全民健身活动中。具体来说，体育欣赏的意义主要有以下几点。

一、体验欣赏不同体育文化

体育比赛作为人类智慧的结晶，可以反映不同国家、不同民族的风俗民情和意识观念。处于不同政治经济条件下的国家，其体育文化形式可能会风格迥异。体育文化的外在表现是围绕体育比赛进行的文化艺术活动，包括比赛期间的文艺演出、体育展览、新闻报道、电视转播、邮票及纪念币发行等内容。这些活动的开展，使风格各异的体育文化得以在世界各地传播。通过欣赏体育比赛，人们可以感受丰富多彩的体育文化，体验各种体育文化活动。

二、陶冶美好情操

现代人把欣赏体育比赛作为社会文化生活的一项重要内容。在现实生活中，人们追求的是完美的、快节奏的生活，而体育比赛恰恰迎合了现代人的这种要求。

任何一项体育比赛都是个人或集体通过发挥体格、体能、运动能力、心理素质、智慧等方面的潜能进行的角逐。通过欣赏体育比赛，人们不仅能欣赏到运动员强壮、匀称、优美的体型，还可以欣赏到运动员准确、利落、新颖、洒脱的动作造型。体育比赛给欣赏者以美的享受，也可以激发欣赏者热爱体育、追求美好生活的热情。

三、振奋民族精神

欣赏体育比赛，可以强化集体主义观念，激发爱国主义热情，振奋民族精神。各式各样的体育比赛，其参赛者都具有一定的社会代表性。他们在比赛场上，一要实现自己的价值，二要为其所代表的群体争取荣誉。体育比赛的欣赏者大多与运动员有着密切的联系，比赛的胜负、荣辱与欣赏者息息相关。例如，在美国洛杉矶举行的第 23 届奥运会上，中国体育健儿实现了奥运会金牌"零"的突破，为中国人赢得了"东方巨人"的称号，全中国人民无不为此欢欣鼓舞。这一体育比赛激发了全国人民"团结起来，振兴中华"的热情，也感染了海外侨胞。全世界的华人把祖国体育健儿夺得金牌看作整个中华民族的骄傲。

四、激发体育意识

体育意识是人们对体育这一社会文化现象及其功能、作用的认识和反映。欣赏体育比赛有利于激发人们的体育意识。

（一）健康意识

举办各种体育比赛的主要目的是加深群众对体育促进健康重要意义的认识。欣赏体育比赛，有利于增强群众的健康意识，提高群众参加体育活动的积极性，进一步提高全民族的体质和健康水平。

（二）拼搏意识

运动员在运动场上表现出的高超的技艺、灵活多变的战术和充沛的体力是其多年高负荷运动训练、努力拼搏的结果。运动员若没有拼搏意识和拼搏精神，就不会夺取金牌。这种拼搏意识是激励人们在各自的事业中努力进取、取得优异成绩的助推剂。欣赏体育比赛有利于激发群众的拼搏意识，促使其在日常的学习、工作中顽强拼搏，奋勇争先。

（三）创新意识

一名运动员或一个运动队要想在赛场上战胜对手，除了要发挥现有的技战术之外，还要根据比赛的特点，不断改进和创新技战术。欣赏体育比赛，有利于激发体育比赛欣赏者的创新意识，使他们在平时的学习和工作中不断创新，取得主动，创造辉煌。

（四）道德意识

道德是指在社会生活中，人们处理自己与他人、个人与集体之间关系的原则，以及社会中各种各样的规范和准则。运动员在赛场上胜不骄、败不馁、互相尊重、团结友爱、文明礼貌、遵守纪律、公平竞争，良好的道德表现使他们成为体育比赛欣赏者学习的榜样，甚至影响整个社会风气。

（五）遵规意识

任何体育比赛都要求运动员严格遵守竞赛规则，服从裁判的裁决。运动员如果不遵守规则，就要受到处罚。例如，运动员服用了兴奋剂，将受到非常严厉的处罚。运动员具有遵规意识有利于比赛有序进行，同时也会对体育比赛欣赏者，甚至整个社会产生积极的影响。

（六）竞争意识

体育比赛具有强烈的竞争性。运动员为了获得胜利，必须尽全力与对手竞争。这种竞争意识对于当今社会中每一个人来说都是一种不可缺少的素质。欣赏体育比赛，有利于激发体育比赛欣赏者的竞争意识，使他们能够正视日常学习工作中的竞争，采取合理方式取得竞争的胜利，实现自我能力的提升。

第二节　体育欣赏的内容和形式

体育欣赏的内容指体育美的内在要素总和。它主要是由身体美、运动美、精神美组成的。体育美是把人的思想感情和美的意志通过体育动作和鲜活的机体表现出来的一种特殊的艺术；是通过体育实践对健康体魄的美的创造过程；是人的本质力量的感性显现。体育美的内容极为丰富，并且种类繁多。

一、身体美

身体美是指人类健康的身体所呈现的美，它是由良好的生理和心理状态综合显示出的机体健康之美。充盈着生命力的身体美在运动过程中将得到最充分和最丰富的展示。身体美由以下几个方面组成。

（一）身体素质美

身体素质主要指人体活动时显示出的力量、速度、耐力、柔韧性、灵敏性等能力。力量——身体运动时肌肉收缩的能力，可以表现出强大的生命力之美；速度——运动员表现出的快速运动的能力；耐力——良好的耐力素质能充分地体现出身体的坚毅美；柔韧性——人体骨骼、关节、韧带、肌腱及皮肤等的伸展性带来的身体曲线的变化，能表现出柔和、弛缓和轻松的柔韧美（协调美）；灵敏性——身体在紧急情况下的反应所能表现出的灵敏美（机智美），常给人带来惊奇、赞叹等愉快情绪。

（二）形体美

形体美主要是指身体外表令人悦目的形状和优美的姿态。形体美可分为体型美——身体曲线美、匀称美、强壮美和肤色美；姿态美——坐姿美、立姿美和行姿美。在现代社会，体育竞技运动的观赏性较强，富有娱乐性，大量艺术性较强的和充分显示身体美的新运动项目，如体操、跳水、健美、舞蹈、花样游泳等不断涌现。研究身体的形体美，有利于促进这些运动项目的发展，有助于提高运动员的表现效果，对提高竞技运动水平也具有重要的作用。

（三）体质美

体质美主要是指身体各器官、各系统功能良好。美的体质将带来美的运动。体育的目的是塑造理想的体质结构，这种理想的体质结构包含着人类征服自身生理极限、开发潜能，追求自由的崇高目的。当这种目的按照规律去实践时，这本身就是一种创造美的过程。

（四）风度美

风度美主要是指人的言谈、举止、态度方面的良好表现，具体包括气质美——人的心灵、性格、修养、情操的外在表现；神态美——通过动作行为表现出来；魅力美——在神奇力量的吸引下产生的美感，如俊气、秀气、雅气、灵气等。

（五）容颜美

容颜美主要是指人的仪容，具体包括面容美、眼神美、笑容美、朴实美。

（六）运动服饰美

运动服饰美主要是指身体着装之美。它体现了个性美——恰当地选择和搭配服饰颜色，是突出着装个性的有效方法；样式美——服装样式符合穿着场合，以及穿着者的年龄和气质；和谐美——各种服饰搭配协调一致；平衡美——个性与共性不冲突。

二、运动美

运动美是身体的运动之美。它是人在体育运动中，生命运动和思维运动的各种形式所产生的综合效应。

（一）动作造型美

身体活动表现的运动美主要是在身体形态美和身体素质美的基础上的动作造型美。在现代社会，运动项目不断增加和更新，随着时代和社会的不断变化，各运动项目的技术动作逐渐向高、难、快、变、新、美方面发展，这使各项目的动作造型越来越科学、惊险和复杂，甚至令人难以捉摸。动作造型美表现为动作利落、敏捷、协调、连贯、舒展、富有节奏感。运动中各种动作的美体现在姿势与结构上。运动员做出优美的动作造型，不仅能在客观上给观众以美的享受，其自身还会产生一种满足感，受到美的触动。这种反馈会刺激运动员进一步掌握规范优美的技术动作，从而不断提高运动技术水平。

（二）技战术美

竞技是运动员支配身体动作和充分发挥技巧的竞争活动，是提高运动技术水平的重要途径。运动形式的丰富，使单纯地表现体力的方法和手段不再适应现代竞技运动，提高技战术水平变得越来越重要。运动员不仅要善于支配自己的身体，还要注意身体与器械的配合，自己与队友的配合，以及了解对手的情况。现代竞技运动训练由原来的经验、体力投入型转变为科学、智力投入型，这就要求运动员在运动过程中运用熟练的技术，将各种动作合理地组合起来，表现出运动美。技术熟练，动作便显得轻松自如。运动员应遵循运动训练规律，合理训练，以期充分展现训练有素的技术美，创造优异的成绩。战术美建立在技术美和身体素质美的基础之上。运动员在竞赛中能根据实际情况的变化采取灵活的对策，并根据对手的实力及其对技战术的运用和发挥，随时改变自己的战术。克敌制胜的战术就是美的，战术美使体育竞赛的艺术色彩浓烈。

三、精神美

精神美（意志品质美）是在运动中表现出来的道德、意志、风尚、修养、情感的美。

（一）道德美

道德美是指运动员在技术展现和健美形体展示时所表现出来的良好的社会公德、伦理道德和职业道德。

（二）意志美

意志美是指运动员为国争光的顽强拼搏精神和胜不骄、败不馁、机智勇敢、沉着果断的优良品质。运动员在竞技场上所表现出的意志品质美，对广大观众来说是一种美的感染和熏陶。

（三）风尚美

风尚美是指运动员参加生动活泼的集体练习时，展现出的默契配合、团结协作的集体主义精神，以及运动员在各类比赛中通过服从裁判、尊重对手、尊重观众、听从指挥等行为所表现出的人际关系和社会风尚的美。

（四）修养美

修养包括政治修养、体育修养、艺术修养等。体育中的审美教育不同于一般的思想政治教育，它是通过让人们感受、认识、理解体育美，从中感受到愉悦并受到启发而达到其教育目的的。

（五）情感美

情感美由思想和感情综合而成。情感美通过生动、鲜明、具体的形象感动人，以美感人、以情动人。不论是体育比赛的直接参加者还是体育比赛的欣赏者，都能得到精神上的调节。情感美使人们认识到人的价值力量，感受到蓬勃向上的精神风貌。这就是精神美的巨大魅力所在。

第三节 欣赏体育比赛的方法

一、从技战术的角度欣赏体育比赛

欣赏者从技战术的角度欣赏体育比赛，可以感受到体育比赛的外在美。在竞技体育比赛中，运动员的技术动作和战术配合方式是经过长期刻苦训练和多次比赛的磨合形成的。欣赏者从技战术的角度出发欣赏体育比赛，应掌握不同运动项目的特点。

二、从人体能力和运动精神的角度欣赏体育比赛

欣赏者从人体能力和运动精神的角度欣赏体育比赛，也可以感受到体育比赛的外在美。竞技体育运动能够最大限度地发挥人的运动潜能。通过平时训练的积累，运动员在体育比赛中所表现出来的超出常人的运动能力和水平是非常吸引人的。运动员在比赛中顽强拼搏、勇于进取的意志品质，以及团结协作、密切配合的集体主义精神，会使欣赏者受到启迪和教育。

三、从体育文化的角度欣赏体育比赛

欣赏者从体育文化的角度欣赏体育比赛，会感受到体育比赛的内在美。体育是人类在几千年发展过程中所创造出来的宝贵文化财富，是现代社会文化的重要组成部分。现代竞

技体育比赛已经成为一种影响巨大的全球性活动，体育比赛的内涵和外延更加深刻和丰富，充满了时代精神和人生哲理。从体育文化的角度欣赏体育比赛，欣赏者将在观念、思维、情趣等方面得到升华。

四、从现代科学技术的角度欣赏体育比赛

科学技术的进步和人的身体素质的不断提高，促进了体育运动技术水平的发展。运动员每一次运动成绩的提高，都是运动员本人、教练员长期艰苦努力及科研人员共同配合的结果，体现了现代科学技术的发展和应用。当今时代，体育与高科技已经密不可分。运动装备中的科技含量越来越高。轻便贴身的运动衣，弹性十足、造型新颖的运动鞋，不断吸引着人们的目光。科技含量极高的场地器材、电子计算机、激光测距仪、遥控和比赛现场的大屏幕显示等科技装备的应用，将现代科技成果对体育比赛的促进作用展现得淋漓尽致。

五、从场地器材、裁判判罚的角度欣赏体育比赛

世界优秀的建筑大师独具匠心设计的大型体育场能吸引更多的世界顶级运动员同场竞技和更多的观众到场观战，提高体育比赛举办国在世界上的声誉。正规的比赛场地布局合理，各区域颜色区分鲜明，器材先进、摆放整齐有序，场馆内外管理严格；裁判员和工作人员着装整齐、统一，在比赛中执法严格。这些都为运动员在比赛中创造优异的成绩提供了良好的硬件和软件环境。

第五章 篮球运动

第一节 篮球运动概述

一、篮球运动的起源和发展

现代篮球运动的起源地在美国，它是由侨居美国的加拿大人詹姆斯·奈史密斯于1891年发明的。当时奈史密斯所执教的学校位于美国的马萨诸塞州斯普林菲尔德市，该地区盛产桃子，一些工人和儿童经常玩将桃子投向桃篮的游戏。奈史密斯从中得到启发，创编了篮球游戏。他将两只桃篮分别钉在体育馆的看台栏杆上，在距离地面约3.05米处设立篮板，用美式橄榄球作为比赛工具向篮内投掷，以投进对方篮筐次数多的为胜方。1892年，奈史密斯组织了该校教师队与学生队的一场篮球对抗赛。这场比赛被认为是篮球史上最早的正式比赛，并产生了最早的13条比赛规则。为了避免篮球被投入篮筐后将球取出的麻烦，1913年，篮筐和球网改用金属圈篮筐和无底球网，使篮球运动初具雏形。

篮球运动发明以后，在美国广受欢迎，并迅速向世界各地传播开来，19世纪末20世纪初，篮球相继传入加拿大、法国、巴西、俄罗斯、意大利、阿根廷、希腊、西班牙等国家。1895年，篮球传入中国。1932年，瑞士、阿根廷、希腊等8个国家在瑞士日内瓦召开会议，并组建了国际篮球联合会（简称"国际篮联"）。1936年，国际篮联成功争取到从第11届奥运会开始将男子篮球列为正式比赛项目的机会。直到第21届奥运会，女子篮球才成为正式的奥运会比赛项目。1989年，国际篮联又通过了职业球员可以参加奥运会等国际大赛的决议，这一重大改革将篮球运动推向了一个崭新的发展阶段。

2005年，中国篮球协会发布的"北极星"计划成了中国篮球未来的发展方向。在"北极星"计划提出后的第一个赛季，中国男子篮球职业联赛重装上阵，迈出了真正的职业化脚步。在2008年北京奥运会上，中国国家男子篮球队与美国队、西班牙队的巅峰对决，以及中国国家女子篮球队的突出表现，表明中国篮球运动的发展进入了一个新阶段。在 2008 年之后，中国国家男子篮球队经历了低谷。在 2015 年亚洲男子篮球锦标赛上，中国国家男子篮球队再次获得亚洲冠军。2019 年，国际篮联篮球世界杯在我国成功举行。

二、现代篮球运动的特点

（一）人文性

随着篮球比赛职业化、商业化、观赏化程度的增加，现代篮球运动更具人文色彩，成为在不同人群中进行社会性人文教育的直观课堂，进而达到促进社会和谐、展现文化、传播文明的目的。

（二）职业化

20 世纪 80 年代至 90 年代，篮球职业化如雨后春笋般在美洲、欧洲、亚洲迅速发展起来。特别是在国际奥委会通过了职业球员可以参加国际大赛的决议后，职业篮球已成为一种新兴的产业，优秀球队和球员的商业化价值发生了新的变化，反映出篮球运动发展的又一新特点。

（三）商业化

篮球运动商业化的重要特征是篮球运动的组织体制、竞赛赛制、管理机制的商业化气息逐渐浓厚。这一系列的变革，一方面促进了篮球运动向更高的竞技水平发展，另一方面又有力地推动了篮球运动向商业化、产业化方向发展。篮球运动的商业化已成为世界篮球运动的发展趋势，其社会价值和经济价值将更加凸显。

（四）智谋性

智慧、技艺、体能和默契的配合是现代篮球运动拼争日趋凶悍激烈的基础。如何扬长避短、克敌制胜，除了需要身体素质、运动能力、意志作风等作保证外，更需要篮球文化品位、人文修养、智慧、计谋、精湛的技艺等作保证。因此，参加篮球运动需要在技艺上精益求精，达到"艺高人胆大，胆大艺更高"的境界。

（五）协同性

篮球运动是以两队成员相互协同攻守对抗的形式进行的，集整体的智慧和个人的技术于一体，反映了和谐互助的团队精神和协作风格，并以此获得最佳成绩。

（六）综合性

现代篮球运动成为多学科交叉的、多元化的运动，有利于篮球爱好者形成其特有的运动意识、品德、体能和技能，达到强身健体的目的。

（七）转换性

现代篮球运动的技术特点之一突出体现在"快"字上，即攻守对抗过程的快速转换。篮球比赛以比赛得分定输赢，攻后必守，守后必攻，攻守不断转换，瞬间变化无常。比赛在快节奏下进行，给人以悬念，增添观众的观赏乐趣，增智养心。

（八）高空性

篮球比赛是在一定时间内围绕空间内的球和篮筐展开的攻守对抗，在竞赛过程中必须重视身材的绝对高度，并有高度的时空观念；时刻强调时间和空间意识，运用各种形式、方法和手段去争抢时间，争夺空间优势，将技术组合成各种精妙的战术配合，从而使比赛更具时空性和观赏性。

第二节　篮球基本技术

一、传球

传球是指篮球比赛中队员之间有目的地转移球的技术，是组织进攻配合和实现进攻战术的基础。

（一）持球

正确的持球姿势是一切传球技术动作的前提。持球时，两手自然分开，拇指相对，呈八字形，用指根以上部位握住球的两侧后下部，掌心空出，两臂弯曲，肘关节下垂，持球于胸前。（图 5-2-1）

图 5-2-1

（二）双手胸前传球

【动作要点】手臂伸向传球方向，后脚蹬地，身体重心前移，两手腕下

双手胸前传球

压、外翻，快速地抖腕、拨指，将球传出。传出球后，掌心和拇指向下，其余手指向前。（图5-2-2）

【运用】双手胸前传球常用于快速传球推进、进行阵地进攻时，外围队员转移球和不同距离的传球。双手胸前传球便于与投篮、突破等技术结合运用。

图5-2-2

（三）单手肩上传球

【动作要点】以右手传球为例。传球前，左脚向前跨半步，向右转体将球引至右肩侧上方。传球时，上体向左转动并带动肩和肘，前臂快速前摆、扣腕，手指用力将球传出。（图5-2-3）

单手肩上传球

【运用】单手肩上传球多用于中、远距离传球。在抢到防守篮板球后进行快攻第一传和接应队员把球传给跑向篮下的队员时，也经常运用单手肩上传球。

图5-2-3

（四）单手胸前传球

【动作要点】持球方法与双手胸前传球相同。传球时，传球手的前臂快速前伸，手腕急促前扣，手腕、手指用力将球传出。

【运用】单手胸前传球多用于近距离传球和快速传球。如果离防守队员较近，可以突然将球从防守队员头顶或耳旁传过。单手胸前传球便于与双手胸前投篮、运球突破等技术结合运用。

二、投篮

投篮是篮球运动中的一项关键技术，是唯一的得分手段。队员多在移动中接球，利用假动作、时间差，或改变方向，或紧贴对手投篮。投篮应与突破、传球等技术相结合，投篮具有方式多、变化多、出手点多的特点。

（一）原地双手胸前投篮

【动作要点】两手持球于胸前，肘关节自然下垂，上体稍前倾，两腿微屈。投篮时，两脚蹬地，腰腹伸展，两臂向前上方伸出，手腕同时外翻，最后用拇指、食指和中指将球投出。（图5-2-4）

原地双手胸前投篮

【运用】原地双手胸前投篮能够充分发挥躯干和手臂的力量，适用于远距离投篮，运动员在罚球时也常用此方法。其特点是握球牢，便于与突破、传球等技术相结合。

图 5-2-4

（二）原地单手肩上投篮

【动作要点】以右手投篮为例。右手五指自然分开，屈肘，向后伸腕，持球于肩上；左手扶球，身体重心置于两腿之间，上体稍前倾，两腿微屈。投篮时，两脚用力蹬地，腰腹伸展，从下往上发力；同时提肘且手臂向前上方充分伸展，最后通过食指、中指指端将球投出。球出手后，手腕前屈，手指向下。（图5-2-5）

原地单手肩上投篮

【运用】原地单手肩上投篮常用于中、远距离投篮。其特点是出手点高、变化多、较为灵活。

图 5-2-5

（三）行进间单手高手投篮

【动作要点】以右手投篮为例。接球和运球上篮时，在右脚跨出一大步的同时，两手持球，左脚紧接着跨出一小步，用力蹬地起跳。当身体接近最高点时，右手手指向后，掌心向上，托球的下部向球篮方向伸臂，食指、中指以柔和的力量拨球，将球从指端投出。（图 5-2-6）

【运用】行进间单手高手投篮多在快攻和切入篮下时运用。这种投篮方式的优点在于其投篮的出手点高，易用身体保护住球。

行进间单手
高手投篮

图 5-2-6

（四）行进间单手低手投篮

【动作要点】以右手投篮为例。接球和运球上篮时，在右脚跨出一大步的同时，两手持球，左脚紧接着跨出一小步，用力蹬地起跳，腾空时间要短。当身体接近最高点时，右手手指向前，掌心朝上，托球的下部向上伸展。当接近篮筐时，食指、中指、无名指以柔和的力量向上拨球，将球从指端投出。（图 5-2-7）

【运用】在快攻、突破中已经超越对手时，多用行进间单手低手投篮进行低手上篮。行进间单手低手投篮具有伸展距离长、出手点离篮筐近的特点。

行进间单手
低手投篮

图 5-2-7

（五）原地跳起单手肩上投篮

【动作要点】以右手投篮为例。投篮时，屈膝降低身体重心，两脚用力蹬地向上起跳。同时，两手举球至肩上，右手托球，左手扶球的左侧部。当身体接近最高点时，左手离球，右臂向前上方伸展，手腕用力前屈，通过食指、中指的力量将球投出。球出手后，手指、手腕自然前屈。落地时，屈膝缓冲。（图5-2-8）

【运用】当防守队员离持球队员较近时，持球队员运用传球、突破等假动作，诱使防守队员失去身体重心后突然起跳投篮。

原地跳起单手
肩上投篮

图 5-2-8

（六）急停跳起投篮

【接球动作要点】移动中跳起腾空接球后，两脚同时或先后落地，脚尖对着篮筐，两膝弯曲，迅速跳起投篮，投篮出手动作同原地跳起单手肩上投篮。

【运球动作要点】运球过程中及时降低身体重心，用跨步急停或跳步急停，持球屈膝跳起投篮，投篮出手动作同原地跳起单手肩上投篮。

【运用】进攻队员运球突破时，利用防守队员向后移动防守的惯性，果断运用急停跳起投篮，可达到良好的进攻效果。

接球急停
跳起投篮

运球急停
跳起投篮

三、运球

持球队员在原地或移动中用单手连续按拍和迎引从地面反弹起来的球称为运球。运球是篮球比赛中进攻者控制球、支配球、突破防守的重要手段，是组织全队进攻配合的桥梁。

（一）高运球

【动作要点】抬头，目视前方，上体稍前倾，以肘关节为轴，手按拍球的后上部，球的落点在身体的侧前方，球的反弹高度约在腰与胸之间。（图 5-2-9）

【运用】高运球多用于快速直线推进，如从后场向前场推进、快攻接应后的快速推进、摆脱防守接球后加速运球上篮等。

高运球

图 5-2-9

（二）低运球

【动作要点】抬头，目视前方，屈膝半蹲，身体重心下降，上体前倾，手按拍球的后上部，球的落点在身体侧面，球的反弹高度在膝关节以下。（图 5-2-10）

【运用】在防守队员密集、接近防守队员或防守队员抢球时，可运用低运球。

低运球

图 5-2-10

（三）急停急起运球

【动作要点】快速运球中运用两步急停，同时按拍球的前上部，用手臂、躯干和腿保护球，目视前方。急起时，后脚（异侧脚）用力蹬地，上体迅速前

急停急起运球

倾，手按拍球的后上部，快速起动，加速超越对手。（图5-2-11）

【运用】当运球队员被防守得很严密时，可利用运球急停—急起—急停的速度变化，摆脱对手。

图5-2-11

四、持球突破

持球突破是持球队员将脚步动作与运球技术相结合，快速超越对手，是一项攻击性很强的进攻技术。

（一）原地持球交叉步突破

以左脚为中枢脚，从防守队员右侧突破。两脚左右开立，两膝微屈，持球于腹前，突破前，先做瞄篮或其他假动作。突破时，右脚内侧蹬地，并向左前方迈出一大步，上体左转，右肩向前下压，将球引至左侧，在左脚离地前，左手推拍球于迈出脚的侧前方；同时，左脚用力蹬地，迅速超越对手。（图5-2-12）

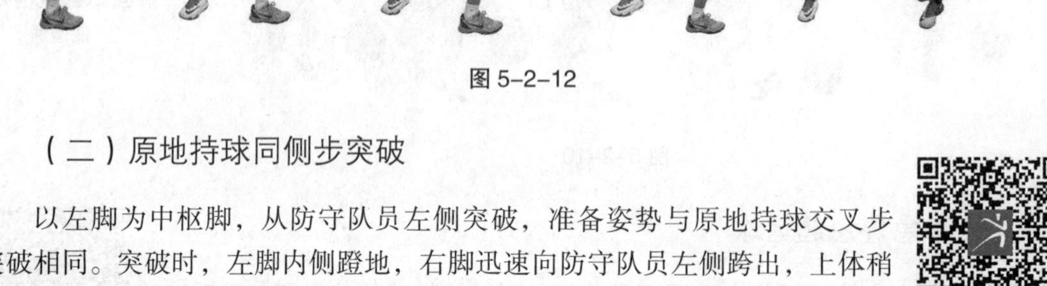

交叉步突破

图5-2-12

（二）原地持球同侧步突破

以左脚为中枢脚，从防守队员左侧突破，准备姿势与原地持球交叉步突破相同。突破时，左脚内侧蹬地，右脚迅速向防守队员左侧跨出，上体稍右转，同时探肩，身体重心前移。在左脚离地前，右手推拍球于右脚的侧前方；同时，左脚用力蹬地，加速超越对手。

同侧步突破

（三）跳步急停持球突破

跳步持球前，应根据自己与防守队员的位置、同伴的传球方向调整好准备姿势，向前或向侧面跳步急停。接球时，要向来球方向伸臂迎球，同时，一脚蹬地，向前或向侧面跃出，在空中接球（通常使用移动方向的异侧脚）；然后两脚前后或平行落地，两腿微屈，身体重心落在前脚掌上。根据防守队员的情况，用交叉步或同侧步突破。

五、抢篮板球

在篮球比赛中，抢篮板球是获得控球权的重要手段之一。一支球队抢篮板球技术的好坏对球队在比赛中的主动与被动、胜利与失败有着很重要的影响。抢篮板球的要点包括以下两个方面。

抢防守篮板球

（1）当对方或同伴投篮时，必须想到可能投篮不中，要积极地拼抢篮板球。

（2）防守时抢篮板球，必须把对方挡在身后。

抢篮板球时，挡人方法有以下两种。

（1）前转身挡人：当对方与你的距离稍远、动作很快时，多采用前转身挡人，前转身挡人比后转身挡人动作快，但抢占面积小。

抢进攻篮板球

（2）后转身挡人：对方离自己身体较近，为抢占较大面积，多采用后转身挡人。（图5-2-13）

图 5-2-13

采用后转身挡人时应注意：① 必须紧贴对方，最好用臀部、腰部顶住对方；② 挡住人以后，稍停1秒，再冲到篮下去抢篮板球，这是因为进行中距离投篮时，球一般会在空中运行1～2秒；③ 要冲到篮下抢占投篮方向的对面位置，这是因为球碰到篮圈后，有70%的概率会反弹并落在对面。到篮下后要立即屈臂，随后两臂要张开，占据较大空间，全身要用力起跳。要求动作力量强，起跳迅速，即使被对方冲撞也不能失去平衡，仍然能跳起来。抢前场篮板球时，只要有一丝机会，就要跳起来拼抢。只要手指能触到球，就要用力抓紧、下拉，以便控制住球。在空中要观察同伴的接应情况，并抓住球，保护好球，将球举到头上，不要拿在胸前。落地的同时要向边线一侧后转身，同时观察接应同伴所处的位置，以最快的速度进行一传。一传出手后，借后转身的动作把与自己争抢篮板球的对方球员挡在身后，立即起动快跑，跟进参加快攻。

第三节 篮球基本战术

篮球基本战术是队员之间合理地运用个人技术相互配合的组织形式和方法。

一、基本进攻战术

篮球基本进攻战术的基础配合包括传切配合、突分配合和掩护配合等。

（一）传切配合

传切配合是进攻队员之间利用传球、切入等技术组成的简单配合，它包括一传一切和空切配合。

（1）一传一切：持球队员传球给同伴后立即切向篮下，接同伴回传的球投篮。例如，⑤传球给④后，立即摆脱对手向篮下切入，接④回传来的球投篮。（图5-3-1）

（2）空切：无球队员根据球的转移情况摆脱防守队员，从不同方向迎球，或侧向插入篮下接球的进攻配合。例如，在④与⑤相互传球之际，⑥趁对方不备，突然空切至篮下接同伴的传球后投篮。（图5-3-2）

传切配合

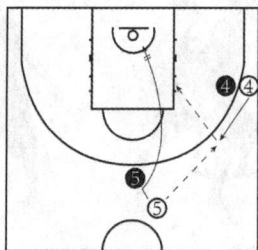

图5-3-1   图5-3-2

（3）传切配合要求：切入队员要善于把握时机，乘机切入或利用假动作摆脱防守，突然快速切入篮下；传球队员要先做瞄篮、突破等进攻假动作牵制对方，当切入者摆脱对手后，要及时、准确、隐蔽地传球给切入者，做到"人到球到"。

（二）突分配合

突分配合是持球队员通过突破对方，打乱对方的防守部署，给同伴创造无人防守的有利时机，并及时传球给同伴投篮的配合。

（1）突分配合的方法：进攻队员⑤从防守者的左侧突破，并吸引右侧的防守队员上来与左侧防守队员"关门"防守，进攻队员④及时切入篮下抢占有利位置接⑤的传球投篮或做其他进攻配合。（图5-3-3）

突分配合

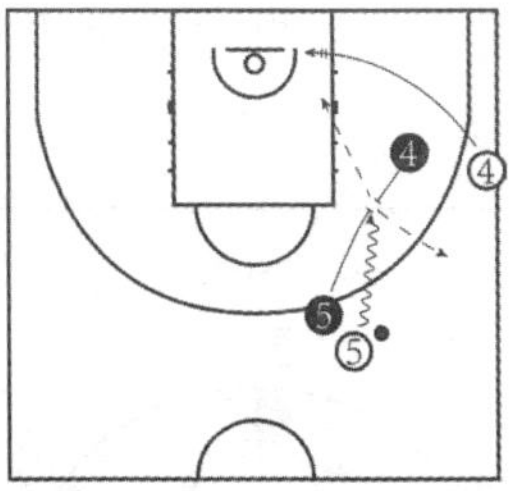

图 5-3-3

（2）突分配合的要求：突破队员动作要突然、快速，突破过程中既要做好传球和投篮的准备，也要注意场上攻守双方的位置变化，做到突破突然、传球及时和投篮果断。

（三）掩护配合

掩护配合是采用合理的行动，用自己的身体挡住同伴的防守者的移动路线，使同伴借以摆脱防守的一种配合方法。根据掩护者和被掩护者的身体位置和方向的不同，可采用三种形式进行掩护：前掩护、侧掩护和后掩护。

掩护配合

（1）掩护配合方法：进攻队员⑤将球传给④后，去给⑥做侧掩护，⑥摆脱防守后切入篮下，接④的传球投篮。④传球前要用假动作吸引防守自己的对手和调整配合时间，⑤掩护后要及时转身跟进。（图 5-3-4）

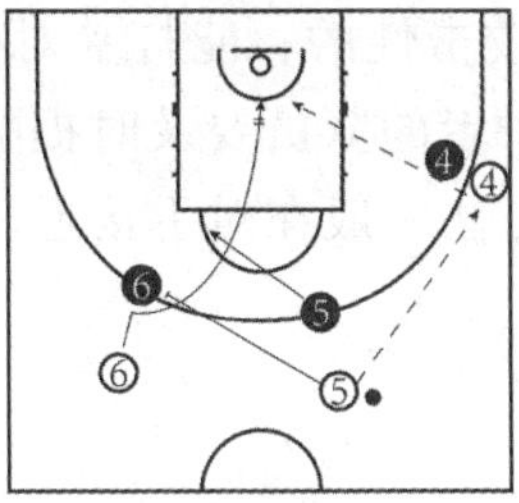

图 5-3-4

（2）掩护配合要求：掩护者要面向或侧对防守者，距离防守者约半步。掩护成功后要及时转身，空切篮下或摆脱防守去接球。

二、基本防守战术

篮球基本防守战术的基础配合包括关门配合、穿过配合、挤过配合、绕过配合、交换防守配合等。

（一）关门配合

关门配合是临近的两个防守队员协同防守突破的配合方法。当进攻队员运球突破时，防守突破的队员向侧后方移动，挡住其移动路线。临近突破一侧的防守队员，应及时快速地向突破队员的前进方向移动，向防守突破的本队队员靠拢，像两扇门一样地关起来，堵住突破者的前进路线。例如，攻方

关门配合

从右侧突破时，❹和❺进行关门配合；如果攻方从左侧突破，则❺和❻进行关门配合。（图 5-3-5）

图 5-3-5

（二）穿过配合

穿过配合一般在对方采用掩护配合时使用。为了避开对方的掩护，防守队员从其同伴与对方队员之间穿过，继续防住自己的对手。这种方法多在防守无球掩护时使用。

（三）挤过配合

挤过配合是一种积极的带有攻击性的、能打乱对方掩护的防守方法。当对手企图进行掩护时，防守掩护者的队员要及时提醒同伴，被掩护队员上步挤过去，继续防住对手。此方法一般在对手接近篮下和投篮较准的情况下使用。

（四）绕过配合

绕过配合也是一种破坏对方掩护的防守方法。当对方进行掩护时，防守队员从同伴的身后绕过去，继续防住自己的对手。这种方法主要在防守队员不便于运用挤过配合和穿过配合，而进攻者远离篮下或处于无球状态下时使用，以及在对方的进攻威胁性不大的情况下运用。

（五）交换防守配合

交换防守配合又称换人防守或换防，是防守中最常用的防守配合。在进攻队员采用掩护配合且已经挡住了防守者继续防守的路线，并且防守队员在来不及运用挤过配合、穿过配合、绕过配合的情况下，就要采用与同伴交换防守对象的配合。交换防守后，防守队员在合适的时机再换回来。通常不轻易交换防守，以免因个人防守能力的差异而导致失利。

穿过配合

挤过配合

绕过配合

交换防守配合

第四节　篮球竞赛规则简介

一、违例

（一）掷界外球违例

掷界外球违例：5 秒内未将球掷出；在球离手前，从界外指定的掷球入界地点，在一个或两个方向上横向移动总距离超过 1 米；球离手后，在球触及场内队员之前掷球队员首先触及球；在球触及场上队员前，球先触及界线或界外的任何物体。

（二）3 秒违例

当球进入前场，并且计时钟开始计时时，进攻队员在对方限制区内停留超过 3 秒时，即为 3 秒违例。

3 秒违例

（三）5 秒违例

5 秒违例：掷界外球时，5 秒内未将球掷出；持球队员被紧逼防守，在 5 秒内球未离手时；裁判员将球递交给罚球队员，罚球队员在 5 秒内未将球投出时。

5 秒违例

（四）8 秒违例

进攻队在后场控制球时，未能在 8 秒内使球进入前场，即为 8 秒违例。

8 秒违例

（五）24 秒违例

24 秒违例：在临近 24 秒结束时尝试了一次投篮，并且球在空中时进攻计时钟信号响，如果球未碰篮圈，一次违例发生。然而，如果对方队员立即和清晰地获得了控制球，信号应被忽略并且比赛应继续。

（六）球回后场违例

在前场控制活球的球队不得使球非法地回到后场，否则即为球回后场违例。

（七）带球走违例

持球队员在投、传、拍或滚球之前，移动了中枢脚，即为带球走违例。

（八）两次运球违例

持球队员运球开始后，该队员双手同时触球或使球在手中停留的瞬间，运球完毕，若再运球即为违例。下列几种情况不属于两次运球违例：同一人连续投篮，投出的球必须触及篮筐、篮板或其他队员；与其他队员抢球时用挑、拨等方法得到球后再运球；抢断得球后再运球。

（九）脚踢球违例

故意用脚踢球或用腿的任何部位阻拦球，将被判为脚踢球违例。

（十）跳球违例

当球在上升阶段时，跳球队员触及球；跳球队员未触及球时，其他队员进入中圈或移动位置；跳球队员直接接住球。

（十一）干涉得分违例

投篮的球在飞行中下落，并完全在篮圈水平面之上时，队员触球即为违例。如果防守队员干涉得分违例，则判给进攻队员投篮得分；如果进攻队员干涉得分违例，则其投篮得分无效。

二、犯规

（一）侵人犯规

场上队员通过伸展手、臂、肘、肩、髋、腿、膝、脚或将身体弯曲成"不正常的姿势"去拉、阻挡、推、撞、绊对方队员或阻止对方队员行进，即为侵人犯规。

侵人犯规的罚则如下。

（1）登记犯规队员1次侵人犯规，并计入全队犯规。如果被侵犯的队员未做投篮动作，应由被侵犯的队员在犯规的最近地点掷边线球或端线球；如果犯规队在一节内已累计达4次犯规，则判给被侵犯队员2次罚球。

（2）如果被侵犯的队员正在做投篮动作，则投中有效，再判给1次罚球；如果从2分投篮区未投中，则应判给被侵犯的队员2次罚球；如果是3分投篮未成功，则应判给被侵犯的队员3次罚球。

（3）如果进攻队员犯规，则登记犯规队员1次进攻犯规，该犯规不计入全队犯规中。由对方队员在犯规的最近地点掷边线球或端线球。

（二）技术犯规

运动员在场上出现骂人、不服从裁判员判罚、故意拖延比赛时间等现象为运动员的技术犯规；教练员和球队工作人员的技术犯规主要是指教练员和球队工作人员不服从裁判员的判罚、随意走出球队席区域或在场外干扰比赛的正常进行等。

技术犯规的罚则如下。

（1）要登记该队员1次技术犯规，判给对方队员1次罚球，罚球时，双方队员都应站在罚球线延长线后。罚球后，由宣判技术犯规时，控球队或拥有球权队在比赛停止时距离球最近的地点执行掷球入界。

（2）若在比赛开始前或中场休息期间，队员或教练员和球队工作人员被判技术犯规，则应在比赛开始前由对方队员罚球1次后，再由双方跳球开始比赛。

技术犯规

（三）违反体育运动精神的犯规

违反体育运动精神的犯规是一起队员身体接触的犯规，并且需要根据裁判员判定。

违反体育运动精神犯规

罚则：登记犯规队员1次违反体育运动精神的犯规，如果对方没有做投篮动作，则判给对方2次罚球和1次在该队前场的掷球入界线处掷球入界。如果被犯规队员正在做投篮动作，则投中有效，再判给被犯规队员1次罚球和1次掷界外球球权；如果投篮不中，则应判给被犯规队员2次罚球（投3分球时罚3次）和1次掷界外球球权。罚球时，双方队员都应站在罚球线的延长线之后。

（四）取消比赛资格的犯规

凡属十分恶劣的违反体育运动精神的行为，可判为取消比赛资格的犯规。

罚则：登记犯规队员1次取消比赛资格的犯规，并令其离开比赛场地，余下罚则同违反体育运动精神的犯规的罚则。

▶ 第六章　排球运动

第一节　排球运动概述

一、排球运动简介

排球是运用发球、传球、垫球、扣球、拦网等技术组成进攻与防守的竞赛活动，由美国人威廉·G. 摩根于 1895 年创造，被称为 "volleyball"，意为空中飞球。排球传入欧洲后，刚开始为竞赛性项目。当时每队为 16 人，4 人一排，故名 "排球"。后经演变，排球比赛先后改为 12 人制和 9 人制。1918 年，国际上出现 6 人制排球。1947 年，国际排球联合会成立，并采用 6 人制规则。

现代排球比赛在 18 米 × 9 米的排球场地上进行。参赛人员分为两队，每队 6 人，分前后两排，双方按照规则，运用各种技术和战术，力争使球落在对方场区的地面上。球必须在空中被还击，每方最多可触球 3 次（拦网除外），一人不可连续击球 2 次，如果不能还击过网，或持球、连击、触网等，即算犯规，判对方得分。排球比赛采用 5 局 3 胜制，每局以一方先得 25 分，并至少超出对方 2 分为胜，决胜局采用 15 分制。排球比赛要求每个队员具有全面、熟练、准确的技术，以及紧密配合的集体主义精神。

二、排球运动的特点

排球运动同其他球类运动项目一样，通过训练能发展力量素质、速度素质、灵敏素质、柔韧素质、耐力素质等身体素质；提高人体中枢神经系统和内脏各系统、器官的功能，增进身体健康；培养勇敢、顽强、机智、吃苦耐劳、遵守纪律、团结协作等品质。排球运动的特点主要包括以下方面。

（一）广泛的群众基础

排球运动的场地设备简单，比赛规则容易掌握；参与者既可以在体育场馆进行排球训练和比赛，也可以在一般空地上进行排球练习；运动量可大可小。因此，排球运动适合不同年龄、不同性别、不同体质的人。

（二）对抗的激烈性

排球比赛过程中，双方队员不断地由攻转守、由守转攻，进行着激烈快速的对抗。有时一场比赛可进行两个多小时。

（三）技巧的高超

排球竞赛规则规定，在排球比赛中，球在队员手中停留的时间不能过长，也不能落地，每人不得连续击球 2 次，每队击球不得超过 3 次。排球运动对时间、技巧的要求很高，可体现出高度的技巧性。

（四）技术的全面性

排球竞赛规则规定，在排球比赛中要进行位置轮转，除自由防守队员外，每个队员既要轮转到前排进行扣球和拦网，又须轮转到后排参与防守和接应。因此，运动员必须掌握全面的攻防技术。

（五）配合的默契度

在排球比赛中，除了发球和偶然的一次击球过网外，其他技术都是在集体配合中进行的，如果没有两人或两人以上的密切配合，就无法发挥个人技战术的作用。无论是接发球中的一传、二传、扣球，还是接扣球进攻中的拦网、防守、二传、扣球等，都是一环扣一环互相串联的。如果某一环节配合不当，那么会直接影响全局。一支排球队的技战术水平越高，其集体配合的默契程度就越高。

第二节　排球基本技术

一、准备姿势

为了完成各种技术动作而采取的合理的身体姿势称为准备姿势。一般按照身体重心的高低，准备姿势可分为半蹲准备姿势、稍蹲准备姿势和低蹲准备姿势三种。（图 6-2-1）

准备姿势

（一）半蹲准备姿势

【动作方法】两脚左右开立，稍比肩宽，两脚脚尖内收，脚后跟稍提起。膝关节保持一定的弯曲，膝关节的投影在脚尖前面。上体前倾，身体重心靠前。两臂放松、自然弯曲，两手置于腹前。全身肌肉适当放松，两眼注视来球，两腿始终保持微动。

（二）稍蹲准备姿势

【动作方法】稍蹲准备姿势与半蹲准备姿势基本相同，唯身体重心稍高。

（三）低蹲准备姿势

【动作方法】低蹲准备姿势比半蹲准备姿势的身体重心更低、更靠前，两脚左右或前后的距离更宽一些，膝关节弯曲程度更大一些；肩关节投影过膝，膝关节投影过脚尖，两手置于胸、腹之间。

半蹲　　　　　　　　稍蹲　　　　　　　　低蹲

图 6-2-1

二、移动

从起动到制动的过程为移动。移动的主要目的是及时接近球，保持好人与球的位置关系，以便击球。移动由起动、移动步法和制动三个环节组成。

（一）起动

起动是移动的开始，它在准备姿势的基础上，变换身体重心的位置，破坏准备姿势的平衡，使身体向目标方向移动。

【动作方法】以向前起动为例。在准备姿势的基础上，迅速向前抬腿，收腹，使上体向前探出，同时后脚迅速用力蹬地，使整个身体急速地向前移动。

（二）移动步法

起动后，应根据临场技战术的需要，灵活地采用各种移动步法进行移动。

1. 并步和滑步

【动作方法】如果向前移动，则后脚蹬地，前脚向来球方向跨出一步，后脚迅速跟上，做好击球准备，此动作为并步。连续并步就是滑步。

移动步法

52

2. 跨步和跨跳步

【动作方法】如果向前移动，则后脚用力蹬地，前脚向来球方向跨出一大步，膝关节弯曲，上体前倾，身体重心移至前腿上，此动作为跨步（图6-2-2）。跨步过程中有跳跃腾空动作，即为跨跳步。

3. 交叉步

【动作方法】以向右交叉步为例。上体稍向右转，左脚经右脚前向右交叉迈出一步，然后右脚向右跨出一大步，同时身体转向来球方向，保持击球前的准备姿势。（图6-2-3）

图 6-2-2

图 6-2-3

（三）制动

击球前，身体重心必须保持相对稳定，这样有利于完成各种击球动作，并控制好击球方向、路线和落点。在移动后必须有良好的制动过程。

1. 一步制动法

【动作方法】移动后跨出一大步，同时降低身体重心，全脚掌着地以抵抗身体继续移动的惯性，并利用腰腹力量控制上体，使身体重心停留在两脚所构成的支撑面内。

2. 两步制动法

【动作方法】两步制动时，以倒数第二步做第一次制动，紧接着跨出最后一步；同时身体后仰，两膝弯曲，身体重心下降，用脚内侧蹬地，以抵抗移动的惯性，使身体处于有利于做下一个动作的状态。

三、垫球

垫球是排球运动的基本技术之一，是一种比较简单易学的击球动作。按照动作方法，可将垫球分为正垫球、背垫球、半跪垫球、前扑垫球、肘滑垫球、滚翻垫球、鱼跃垫球、侧卧垫球、单臂滑行铲球、单手垫球、挡球等十多种。

（一）准备姿势

做准备姿势时，身体重心的高低应根据来球位置的高低、角度，以及队员腿部力量的大小来决定。在不影响快速起动的前提下，适当降低身体重心，有利于两手插到球下，同时也便于低垫高挡。

（二）手型

正面双手垫球的基本手型有抱拳式、叠掌式和互靠式，无论采用哪种手型都应该注意手腕要下压，两臂要外翻。（图 6-2-4）

（三）触球部位

触球部位为腕关节以上 10 厘米左右的桡骨内侧平面。（图 6-2-5）

抱拳式　　　　　叠掌式　　　　　互靠式

图 6-2-4　　　　　　　　　　　　　　　　　图 6-2-5

（四）击球

击球点保持在腹前一臂距离处，便于控制用力的大小、调整手臂击球的角度，以及控制球的落点和方向。

（五）用力

击球的用力方法和大小应根据来球的力量、弧度的不同而有所变化。垫球的用力顺序：下肢蹬地—提肩—顶肘—压腕。身体重心要随球前移，两臂在全身动作的协调配合下将球传出。（图 6-2-6）

图 6-2-6

四、传球

传球是排球运动的基本技术之一，是组织进攻战术的基础。它的种类很多，主要有正传、背传、侧传、挑传、晃传等。

传球

（一）准备姿势

采取稍蹲姿势，面对来球，两手自然抬起、放松，置于面前。

（二）迎球

当球下降至额前时，蹬地伸膝、伸臂，两手向前上方迎击来球。

（三）击球

击球点在额前上方一球距离处，有利于看准来球和控制传球方向。

（四）手型

两手自然张开，呈半球形，两拇指相对，呈一字形；用拇指内侧、食指和中指第二、第三指节触球；无名指和小指辅助控制传球方向。（图6-2-7）

（五）用力

传球动作需要全身协调用力。传球用力的顺序：蹬地—伸膝—伸腰—手腕屈伸。传球动作最重要的是利用伸臂和手腕、手指的紧张度，以及球压在手指上产生的反弹力将球传出去。（图6-2-8）

图6-2-7

图6-2-8

五、发球

发球是排球运动的基本技术之一。发球技术的种类较多，一般有正面下手发球、正面上手发球、正面上手发飘球、勾手发飘球、勾手大力发球等。

（一）正面下手发球

正面下手发球的动作简单易学，这种发球方式所发出的球速度慢、力

正面下手发球

量小、攻击性差，适用于排球初学者。

1. 准备姿势

发球前，面对球网，两脚前后开立，左脚在前，两膝微屈，上体前倾，身体重心偏右脚，两手持球于腹前。

2. 抛球

左手将球平稳地抛在体前右侧，离手约一球多的高度。

3. 击球

在抛球的同时，右臂伸直，以肩关节为轴向后摆动。击球时，右脚蹬地，身体重心随着右手前摆而前移，在腹前用掌根击球的后下部。身体重心随击球动作前移，击球后，迅速进场参加比赛。（图 6-2-9）

图 6-2-9

（二）正面上手发球

1. 准备姿势

面对球网站立，两脚自然开立，左脚在前，两手持球于体前。

2. 抛球

左手将球平稳地垂直抛于右肩的前上方，上体稍向右侧转动。

3. 挥臂击球

上体向左转动，迅速收腹并带动手臂向前上方挥动，伸直手臂，用全掌击球的中后部。（图 6-2-10）

正面上手发球

图 6-2-10

（三）正面上手发飘球

发飘球时，要求不能使球旋转，并使球不规则地向前飘晃飞行，造成接发球队员难以判断球的飞行路线和落点。采用这种发球方法时，发球队员面对球网站立，因此便于观察对方，并能控制发球方向。正面上手发飘球的成功率高、攻击性强，在各种水平的比赛中被普遍采用。

1. 准备姿势和抛球动作

正面上手发飘球的准备姿势和抛球动作同正面上手发球。

2. 挥臂击球动作

正面上手发飘球的挥臂击球动作基本同正面上手发球，只是在手触球时，五指是并拢的，手腕稍后伸，用掌根平面击球的后中下部。击球的瞬间，手指、手腕保持紧张，手型固定，用力要突然、短促。击球结束时，手臂要有突停动作。

（四）勾手发飘球

勾手飘球的飞行特点与正面上手飘球基本一致，只是由于发球队员侧面站立，可以充分利用腰部扭转带动手臂加速挥动。这种发球方法比较省力，但动作较复杂。

1. 准备姿势

左肩对网，两脚自然开立，左手持球于体前。

2. 抛球动作

左手将球平稳地抛在左肩前上方约一臂高处。身体重心右移，右臂自然地向侧后方摆动。

3. 挥臂击球动作

右脚蹬地，上体左转发力，带动伸直的手臂向前挥动，手臂做直线运动。击球瞬间的动作同正面上手发飘球。

（五）勾手大力发球

勾手大力发球的特点：力量大、速度快、弧线低、旋转速度快。

1. 准备姿势

左肩对网，两脚自然开立，两膝微屈，两手持球于体前。

2. 抛球动作

勾手大力发球的抛球动作同勾手发飘球。

3. 挥臂击球动作

右脚用力蹬地，利用转体动作带动手臂做直臂弧形挥动，在右肩前上方、手臂伸直后的最高点处击球。击球手型同正面上手发球。

扣球

六、扣球

（一）近网扣球

对距网 50 ～ 100 厘米的二传球进行扣击为近网扣球。近网扣球时，由于靠近球网，扣球人要注意垂直起跳。起跳后，挺胸抬臂，利用含胸动作发力，以肩为轴向前挥动手臂，加强屈肘甩腕动作，以全掌击球的后中上部，击球点不宜靠后。击球时，手掌包满球，手腕快速抖动，击球后，手臂顺势收回，以防止手触网。（图 6-2-11）

图 6-2-11

（二）远网扣球

对距网 150 厘米以外的二传球进行扣击为远网扣球。远网扣球时，由于远离球网，扣球队员可以充分利用收腹来加大手臂的挥击动作，增加扣球的力量。击球的瞬间，手腕的推压动作要明显。

（三）调整扣球

调整扣球是在一传不到位时、由二传调整传球到网前进行扣击的进攻方法。调整扣球技术与正面扣球技术动作相同，由于球从后场传来，因此，扣球队员在调整扣球助跑前要撤到边线以外，以便观察来球的情况，从而选择准确的助跑、起动时机和起跳位置。扣球时，要根据球与网的距离，灵活地运用近网扣球或远网扣球的不同手法。

（四）扣快球

扣快球是扣球队员在二传队员传球前或传球的同时起跳，把球扣入对方场区的扣球方法。这种扣球方法速度快、时间短、突然性强、牵制性大，能使球队在时间上和空间上争取主动。快球可分为近体快球、背快球、短平快球、背短平快球、平拉开球、半快球、调整快球、单脚快球等。

七、拦网

拦网是排球运动的基本技术之一，是指队员在球网上空拦阻对方击来的球。（图 6-2-12）

图 6-2-12

（一）准备姿势

球员面对球网站立，两脚平行开立，约与肩同宽，距球网 30 ～ 40 厘米。两膝微屈，两臂自然弯曲，置于胸前，密切注视对方扣球队员的动向，随时准备起跳。

（二）起跳

起跳时，身体重心降低，两膝弯曲（弯曲程度因人而异），两脚用力蹬地，两臂在体侧画弧用力上摆，带动身体向上垂直起跳。起跳后稍收腹，控制身体平衡。根据对方二传球的高低、远近、快慢，以及扣球队员的起跳时间和动作特点来决定拦网起跳的时间。拦高球时，一般应比扣球队员晚跳；拦快球时，可以与扣球队员同时起跳或提前起跳。

（三）空中击球

起跳的同时，两手从额前贴近并平行于球网、向球网上沿的前上方伸出。两臂伸直，前臂靠近网，两手尽量伸向对方上空接近球，两手自然张开，屈指、屈腕，呈勺形。两手之间的距离不得超过一个球，以防球从两手之间漏过。触球时，两手要突然收紧，手腕要用力下压，盖住球的上方。

（四）落地

如果已将球拦回，则面向对方，屈膝缓冲，两脚落地；如果未拦到球，则在身体下落时要转身面向球飞出的方向，准备做接应救球。

（五）拦网的判断

判断是拦网技术的关键环节，在拦网的全过程中都贯穿着判断能力。应从以下几个方面进行判断：对方的战术打法；对方的一传情况；对方二传的方向、弧线、速度和落点；对方扣球队员的助跑方向、起跳时间，以及起跳后人与球的关系和空中挥臂击球动作。另外，还要判断对方扣球队员的个人技术特点。

第三节　排球基本战术

排球战术是指队员在比赛中根据排球规则、排球运动规律和双方当时的情况，合理运用技术所采用的有意识、有目的、有组织的个人和集体配合行动。全面、准确、熟练和实用的技术是组织战术的基础，合理地运用战术又能更加充分地发挥技术的威力。

一、阵容配备

阵容配备是指比赛场上人员的搭配布置。阵容配备的目的是合理地把全队的力量搭配好，更有效地发挥每一名队员的特长和作用。根据各队不同的技术水平和战术特点，一般有以下三种阵容配备。

排球基本战术

（一）"四二"配备

"四二"配备即场上有 4 名攻手（其中 2 名主攻手、2 名副攻手）和 2 名二传队员，这 4 名攻手和 2 名二传队员被安排在对称的位置上。每一轮次前排都有 1 名二传队员和 2 名进攻队员，便于组织前排二传传球的两点进攻和后排二传插上传球的三点进攻。（图 6-3-1）

（二）"五一"配备

"五一"配备即场上有 5 名进攻队员和 1 名二传队员。为了弥补二传队员来不及传球所出现的被动局面，通常在二传队员的对角位置上配备 1 名有进攻能力的接应二传队员。二传队员在前排时采用两点进攻，在后排时可增强进攻和拦网的力量。"五一"配备中，全队进攻队员只需适应 1 名二传队员传球的习惯和特点，容易建立起相互配合的默契。（图 6-3-2）

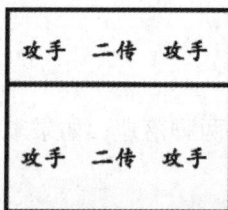

图 6-3-1

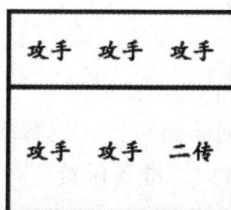

图 6-3-2

（三）"三三"配备

"三三"配备即 3 名能攻的队员与 3 名能传的队员间隔站立，使每一轮次都有传有扣，这种配备方式是初学者常用的阵容配备。

二、进攻战术

（一）"中一二"进攻战术

"中一二"进攻战术是指 3 号位队员担任二传，将球传给 4 号位（或 2 号位）队员进攻的组织形式。其优点是一传向网中 3 号位垫球比较容易，有利于组织进攻，适合初学者采用；二传队员在网前接应一传的移动距离近，向 2 号位、4 号位传球的距离较短，容易传准。其缺点是战术变化少，容易被对方识破本方的进攻意图。（图 6-3-3）

（二）"边一二"进攻战术

"边一二"进攻战术是指 2 号位队员担任二传，将球传给 4 号位（或 3 号位）队员进攻的组织形式。其优点是擅长右手扣球者在 3 号位、4 号位扣球比较顺手，战术变化较多；其缺点是 6 号位接一传时，向 2 号位垫球距离较远；一传垫不到位时，二传传球较为困难。（图 6-3-4）

（三）"插上"进攻战术

"插上"进攻战术是指二传队员由后排插到前排担任二传，把球传给前排 4 号位（或 3 号位、2 号位）队员进攻的组织形式。其优点是进攻队能保持前排三点进攻，战术配合变化多，并能利用网的全长组织进攻；其缺点是对插上二传队员的要求较高。（图 6-3-5）

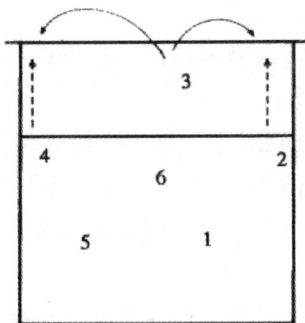
图 6-3-3

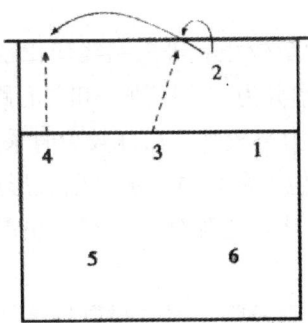
图 6-3-4

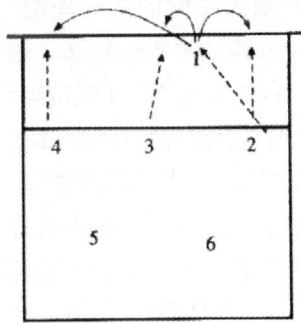
图 6-3-5

三、防守战术

排球的防守战术是组织进攻和实施反攻战术的基础，没有严密的防守，进攻就无从组织，一切防守战术都应从积极为进攻和反攻创造条件的角度进行设计。

（一）接发球的防守战术

1. 5人接发球站位阵型

5人接发球站位阵型为除了1名二传队员站在网前或从后排插上准备二传而不用接发球外，其余5名队员担任一传任务的接发球站位阵型。其优点是队员分布均衡，每个人接发球的范围相对减小，比较容易组织进攻，适合接发球水平不太高的球队。其缺点是二传队员从5号位插上时距离较长，难度较大；3号位队员接球时，不便组成快攻战术；不利于队员间的及时换位；队员之间的空当较大，配合不默契时，容易互相干扰。

2. 4人接发球站位阵型

4人接发球站位阵型为插上的二传队员与同列的前排队员均站在网前不接发球，其他4人站成弧形的接发球站位阵型。其优点是便于后排插上和不接发球的前排队员及时换位；其缺点是对接发球的4人要求较高，要求他们有较高的判断、移动能力，以及掌握较好的接发球技术。

（二）接扣球的防守战术

1. 不拦网的防守阵型

在对方进攻较弱、没有必要进行拦网时，可以采用不拦网的防守阵型。不拦网的防守阵型与5人接发球站位阵型相似，即前排进攻队员要撤到进攻线后，准备防守和防守后的反攻；后排队员后退，准备防后场球；二传队员留在网前，准备接吊到网前的球和组织进攻。

2. 单人拦网的防守阵型

当对方扣球威胁不大、扣球路线变化不多、轻打中吊球较多时，可以主动采用单人拦网的防守阵型。拦网队员要拦扣球人的主要进攻路线，不拦网队员要及时后撤防守前场区或保护拦网人，后排队员要后撤加强后场防守。

3. 双人拦网的防守阵型

对方技战术水平较高、进攻力量较强、进攻路线变化较多时，多采用双人拦网的防守阵型，即2人拦网、4人接球，通常分为"边跟进"和"心跟进"。

（1）"边跟进"，多在对方进攻力量较强、吊球较少时采用。当对方4号位队员进攻时，本方2号位、3号位队员拦网，其他4名队员组成半圆弧形进行防守；若遇对方吊前场区，则由边上1号位队员跟进防守。其优点是加强了拦网，缺点是边上的队员既要防直线，又要跟进防前场区，防守比较困难。

（2）"心跟进"，在本方拦网能力较强、对方采取打吊结合时采用。当对方4号位队员进攻时，本方2号位、3号位队员拦网，后排中间的6号位队员在本方拦网时跟在拦网队员之后进行保护，其余3名队员在后排形成弧形进行防守。其优点是加强了本方对前场区的防守能力，其缺点是后排防守队员之间的空当较大。

第四节　排球竞赛规则简介

排球发球规则

一、发球犯规

（一）发球击球时的犯规

（1）发球次序错误：某队未按照位置表所登记的发球次序发球。

（2）发球区外发球：队员发球击球时或跳发球时，踏及场区或发球区外地面。

（3）发球击球时，球未被抛起或持球手未撤离。

（4）发球8秒犯规：第一裁判员鸣哨允许发球后8秒内，发球队员未将球击出。

（二）发球击球后的犯规

（1）发出的球触及发球队队员或球的整体没有从过网区通过球网垂直平面。

（2）界外球：①发出的球的整个落点完全在场区界线以外的地面上；②发出的球触及场外物体、天花板或非场上比赛队员等；③发出的球触及标志杆、网绳、网柱或球网的标志杆以外的部分。

（3）发球掩护：任何一名发球队的队员，以挥臂、跳跃或左右晃动等动作妨碍对方接发球，且发出的球从他的上方飞过，则构成个人发球掩护。

二、击球时的犯规

4次击球：一个队连续击球4次（拦网除外）。

持球：一名队员没有将球清晰地弹击出，使球被接住和/或被抛出。

连击：一名队员明显地连续击球2次或球连续触及其身体不同部位（拦网一次除外）。

借助击球：队员借助同伴或任何物体的支持进行击球。

三、队员在球网附近的犯规

过网击球规则

队员在球网附近的犯规包括以下几个方面。

（1）过网击球：对方进行进攻性击球前或击球时，在对方空间触及球或对方队员。

（2）过中线：比赛进行中，队员的双脚（单脚）全部越过中线并接触对方场区。

（3）从网下穿越进入对方空间并妨碍对方参与比赛。

（4）触网：比赛进行中，任何队员在击球时或干扰比赛的情况下触及球网、标志杆、标志带等。

四、拦网犯规

拦网犯规包括以下几个方面。

（1）过网拦网：在对方进攻性击球前或击球时，在对方空间完成拦网。

（2）后排队员拦网：后排队员或自由防守队员完成拦网或参加了完成拦网的集体。

（3）拦发球：拦对方的发球。

（4）从标志杆外伸入对方空间拦网。

（5）拦网出界。

（6）自由防守队员试图进行个人拦网或参加集体拦网。

五、进攻性击球犯规

进攻性击球犯规主要包括以下几个方面。

（1）后排队员进攻性击球犯规：后排队员在前场区内击整体高于球网上沿水平面的球，并使球的整体由过网区通过球网垂直平面或触及对方拦网队员。

（2）在前场区对对方发过来的、整体高于球网上沿的球，完成进攻性击球（如扣发球、吊发球等）。

（3）在对方空间击球。

（4）击球出界。

六、给予处罚的不良行为

球队的成员对裁判员、对方、同伴或观众的不良行为，按程度分为以下三类。

（1）粗鲁行为：违背道德原则和文明举止，或任何轻蔑的表示。

（2）冒犯行为：诽谤性、侮辱性的言语或形态。

（3）侵犯行为：人身攻击、侵犯或威吓行为。

第五节 气排球

一、气排球运动概述

气排球运动是一项集运动、休闲、娱乐于一体的群众性体育项目，作为一项新兴的体育运动项目，气排球运动已经受到越来越多人的青睐。

（一）气排球运动的起源和发展

排球运动对于大多数人来说并不陌生，竞技排球对技战术和参赛选手的各项素质要求非常高，因此，要使排球运动得到推广和普及有一定的难度。

气排球是我国土生土长的一项群众性排球运动。1984年，呼和浩特铁路局集宁分局为了开展老年人体育活动，在没有规则限制的情况下，组织离退休职工用气球在排球场上来回击打进行活动。由于气球过轻且易爆，他们将两个气球套在一起打，后来又改用儿童软塑料球，随后他们又参照6人制排球规则制定了简单的竞赛规则，并将这种活动形式取名为气排球。

气排球作为中国老年人体育协会（简称老年人体协）的五大竞技项目之一，自从中国火车头体育协会首先推出该项目以来，先后在浙江、福建、上海、江苏、湖南、广西、重庆等省市得到了很好的推广。通过参与气排球运动进行健身的老年人越来越多，尤其在广西气排球运动更为普及。

（二）气排球运动的特点

气排球的球质软，富有弹性，手感舒适，不易伤人；球体大（圆周长为72～78厘米），重量轻（120～140克）；球网低（男子球网高为2.1米，女子球网高为1.9米）；可以采用羽毛球场地。气排球场地长为12米，宽为6米，室内外均可开展活动。

气排球属于一项群众性体育运动，简单易学。每个队只需要8个人就可以开始比赛；气排球的集体性极强，队员之间必须协调配合，与硬式排球一样，人体的任何部位都可以触球，有时候为了救球，在来不及用手的情况下，可以用脚踢，只要按规则要求，将球打到对方场内上空即为有效。

气排球运动不激烈，男女都可以进场参与，因此气排球运动员是适合各个年龄段的人进行强身健体的活动。

二、5 人制气排球运动的竞赛规则

（一）队员

（1）每队由 10 人组成，队员上衣前后必须有号码，应为 1～10 号。身前号码至少 15 厘米高，身后号码至少 20 厘米高。场上队长上衣应有一条与上衣颜色不同的长 8 厘米、宽 2 厘米的标志带。

（2）教练员和队员应了解并遵守规则，以良好的体育道德作风服从裁判员的判罚。若有疑问，则只有场上队长可向裁判员请求解释，教练员不得对判定提出异议或要求解释。

（3）教练员和队员必须尊重裁判员和对方队员，不得以任何行为影响裁判员的判断；不得以任何行动和表现拖延死球时间或被认为是有意延误比赛。

（二）比赛进行

（1）队员场上位置：以五人制比赛为例，双方队员各分为前排三名、后排二名。前排左边为 4 号位，中间为 3 号位，右边为 2 号位，后排左边为 5 号位，右边为 1 号位。每局比赛开始，场上队员必须按位置表排定的次序站位，在该局中不得调换。在新的一局中，可重新安排每个队上场队员的位置。

（2）暂停：每局比赛中，每个队最多可请求 2 次暂停，每次暂停时间为 30 秒。只有比赛成死球时经教练员或场上队长向第二或第一裁判员请求后才准予暂停。第一裁判员鸣哨后，比赛应立即继续进行；某队请求第三次暂停，应予拒绝，并提出警告；第一裁判员已鸣哨发球，队员尚未将球发出或于鸣哨的同时请求暂停，均应拒绝；如果第二裁判员在此时间错误鸣哨允许暂停，则第一裁判员也不得同意，应再次鸣哨发球。

（3）换人：每局比赛中每队最多可替换 5 人次，一下一上为 1 人次。某队换人时应由教练员或场上队长在死球时向第二或第一裁判员提出要求，并说明替换人数和队员的号码。裁判员允许换人时，上场队员应已做好准备并从换人区上下场，如果队员未做好准备，则判罚该队一次暂停。

（三）成绩计算

（1）得 1 分：采用每球得分制，胜 1 球即得 1 分。

（2）胜 1 局：第 1 局、第 2 局先得 21 分并超出对方 2 分为胜一局，当比分为 20：20 时，比赛继续进行至某队领先 2 分为胜一局；决胜局中，谁赢得 15 分并超出对方 2 分时，即算该队获胜。

（3）在规定比赛时间内不到场者，作弃权处理，对方则以每局 21：0 的比分和 2：0 的局分取胜。各队无正当理由不得无故弃权和罢赛。

（四）动作和犯规

1. 发球

（1）发球队胜 1 球或接发球队取得发球权时，该队队员必须按顺时针方向轮转一个位置，由轮转到 1 号位的队员发球，如果没有按发球次序轮转发球，则为轮转错误，必须立即纠正，并判该队失 1 分和失去发球权。

（2）发球队员必须在第一裁判员鸣哨后 8 秒内将球发出，球被抛出后发球队员未击中球，球也未触及发球队员而落地时，允许继续发球。

（3）发球队的队员不得以任何方式阻挡对方观察发球队员和球的飞行路线。

（4）若要在发球时判断队员的位置是否有错误，则应以队员身体着地部分为依据。在发球队员击球的一刹那、球未被击出前，同排队员的站位不得左右超越或平行，前后排队员不得前后超越或平行，即 4 号位队员不得站在 3 号位、2 号位队员的右边，1 号位队员不得站在 2 号位、3 号位、4 号位队员的前面或与之平行；否则，应判失发球权或对方得分。发球队员与本方 5 号位队员不受站位的限制。

2. 击球队员击球时

有意或无意地把球接住停在手中、用两臂将球夹住停留时间较长或用手将球顺势冲出且停留时间较长后再将球送出等，判击球犯规。队员身体的任何部位连续触球超过一次，则判连击犯规（拦网除外）。

3. 过中线和触网

队员踏越中线，应判过中线犯规。队员身体的任何部位触及球网，判触网犯规。因对方击球入球网而使球网触及本方队员时，不算触网犯规。

4. 进攻性击球

（1）队员在后场区可以对任何高度的球进行进攻性击球，但在起跳时不得踏及或踏越限制线，否则即为违例。

（2）队员在前场区，采用攻击力强的扣、抹、压、吊等动作，将高于球网上沿的球击入对方场区，则判犯规。如果采用攻击力小的传、顶、挑的动作，击球的底部或下半部，使球具有明显向上的弧度过网，则不算犯规。

（3）队员由前场区对低于球网上沿的球，可用任何击球动作将球击入对方场区。

5. 拦网与过网

（1）后排队员不得拦网。如果有参与拦网并起到拦网作用时，则应判犯规。

（2）拦网不算一次击球，还可再击球三次。

（3）不得拦对方的发球和对方队员进入前场区直接击过网的球，只允许拦对方队员在后场区直接击过网的球。

（4）本方队员完成进攻性击球前，对方的手触及本方场区上空的球时，应判对方队员过网犯规。

三、气排球运动技术

气排球运动技术与排球相近，可参考本书的排球运动基本技术。

▶ 第七章　足球运动

一、足球运动的起源和发展

古代足球运动起源于我国古代的一种球类游戏——"蹴鞠"，或称为"踢鞠"。"踢"即"蹴"，是踢的意思；"鞠"，是球的意思，即古代的足球。汉朝的《史记》《西京杂记》《盐铁论》《蹴鞠新书》《别录》中都有关于蹴鞠的记载。汉唐两个朝代是中国古代足球发展最兴盛的时期，蹴鞠发展为直接对抗的竞赛。到了唐朝，蹴鞠所用的皮球由向内填充毛发改为由人用嘴吹气，同时用两个球门代替"鞠室"。至宋朝时，蹴鞠更发展出了双球门和单球门的竞赛，还有被称作"齐云社"或"圆社"的球会组织出现，所用皮球由人用嘴吹气发展到用"气筒"（古称"揎"，一种皮制的小型鼓风器）打气，越来越接近现代足球。

12 世纪初，英国开始有了类似足球比赛的娱乐活动，一年进行 2 次，一般在两个城市之间举行。主持人把球往空中一抛，比赛就算开始。双方一拥而上，大喊大叫，又踢又抱，哪一方能把球踢进对方的闹市区，哪一方就算胜利。如果球在中途被踢进居民屋里，则踢球者也就一窝蜂地冲进去乱打乱踢，房主只好自认倒霉。路上行人若碰到球滚过来，就会遭受一场"飞来横祸"。因此在当时，只要进行球赛，人们就像躲避灾难一样关门闭户，一直到球赛结束，生活才恢复正常。由于这样的球赛遭到市民的强烈反对，英国政府便下了一道禁令：规定足球比赛要在空地上进行，进入闹市区者要被重罚。从此，英国就出现了专门的足球场。到了 19 世纪初期，足球运动在当时的欧洲和拉丁美洲的一些国家，特别是在英国已经相当盛行。

1848 年，足球运动第一次以文字形式公布的规则——《剑桥规则》诞生。所谓的《剑桥规则》，是指在 19 世纪早期的英国伦敦，牛津大学与剑桥大学之间进行足球比赛时制定的一些规则。因为当时在学校里，每间宿舍住有 10 个学生和 1 位教师，所以每队就上场 11 人进行宿舍与宿舍之间的比赛。十一人制足球比赛就是由此开始发展的。

1863 年，英国成立了世界上第 1 个足球运动组织——英格兰足球总会（简称"英足总"），并统一了足球规则，人们称这一天为现代足球的诞生日。这次制定的足球规则是现今足球规则的基础。从 1900 年的第 2 届奥运会开始，足球被列为奥运会正式比赛项目，但当时不允许职业运动员参加。1904 年，法国、荷兰、比利时、西班牙、丹麦、瑞典和瑞士 7 个国家的足球协会在法国巴黎成立了国际足球联合会（简称"国际足联"）。国际足联决定从 1930 年起，每四年举办一届国际足联世界杯，并取消了对职业足球运动员的参赛限制。1989 年，国际足联开始正式把五人制足球纳入管理范围。

二、足球运动的特点

（一）整体性

足球比赛每队有 11 个人上场参赛。场上的 11 个人思想要统一、行动要一致，攻则全动，守则全防，整体参战的意识要强。只有形成整体的攻守，才能取得比赛的主动权和良好的比赛结果。

（二）多变性

足球运动是一项技术多种多样、战术变幻莫测、胜负难以预测的非周期性运动项目。在比赛中运用技战术时，运动员会受到对方的直接干扰、限制和对抗，运动员要根据临场的具体情况灵活机动地对技战术加以运用和发挥。

（三）对抗性

足球运动是一项竞争激烈的对抗性项目。在比赛中，双方为达到将球攻进对方球门而又不让球进入本方球门的目的，展开激烈的争斗，尤其是在两个罚球区附近进行的时间、空间的争夺更是异常凶猛、扣人心弦。在一场高水平的足球比赛中，双方因争夺和冲撞倒地的次数可多达数百次以上，足见其对抗之激烈。

（四）艰辛性

在足球比赛中，运动员不仅要在近 8000 平方米的场上奔跑至少 90 分钟，跑动距离少则 6000 米，多则 10000 米以上，还要完成上百个有球和无球的技术动作。若 90 分钟内出现平局而需要决出胜负，则比赛要加时 30 分钟；如仍无结果，则还要以点球方式决定胜负，因此运动员的体能消耗是很大的。

（五）易行性

足球竞赛规则比较简单，器材设备要求也不高。一般性足球比赛对比赛时间、参赛人数、场地和器材没有严格限制，因而足球是全民健身中一项十分易于开展的群众性体育项目。

第二节 足球基本技术

足球技术是指运动员在足球比赛中所采用的合理行动和动作方法的总和，主要包括踢球、运球、停球、头顶球、抢截球、掷界外球等。

一、踢球

踢球动作一般是由助跑、支撑脚站位、踢球腿的摆动、踢球脚的触球部位和踢球后的随摆等要素组成的。

（一）脚内侧踢球

脚内侧踢球常用于踢定位球、接踢从各个方向来的地滚球和空中球，也可用脚内侧蹭球。

脚内侧踢球

踢定位球时，直线助跑，支撑脚落在球的侧后方 15 厘米左右处，膝关节微屈，踢球腿以髋关节为轴，膝关节外转约 90°，脚尖翘起，脚与地面基本平行；同时踢球脚不得高过球，由后向前摆动，脚内侧（三角面）触球的中后部。（图 7-2-1）踢空中来球时，大腿抬起，小腿拖后，脚内侧对准出球方向，小腿向前摆动，击球的后中部。

图 7-2-1

（二）脚背正面踢球

脚背正面踢球常用于踢定位球、反弹球、空中球。

脚背正面踢球

（1）踢定位球时，直线助跑，最后一步稍大并积极踏地，支撑脚踏在球的侧后方 10～15 厘米处，脚尖正对出球方向，膝关节微屈；同时踢球腿向后摆起，膝关节微屈，在支撑脚着地的同时，以髋关节为轴，大腿带动小腿由后向前摆。当膝关节摆至球正上方的一刹那，小腿加速前摆，脚背绷直，脚趾扣紧，以脚背正面击球

的中后部。踢球后，踢球腿继续前摆。（图 7-2-2）

图 7-2-2

（2）踢反弹球时，首先要准确判断球的落点、时间和反弹路线。支撑脚踏在球的侧方，脚尖和身体都对准出球方向。当球刚落地的一刹那，踢球腿的小腿迅速前摆；当球将要反弹离地时，以脚背正面踢球的后中部。

（3）侧身踢空中球时，首先要判断好球的路线，确定好击球点。身体侧对出球方向，支撑脚向前跨一步，脚尖转向出球方向，身体向支撑脚一侧倾斜，踢球腿的大腿抬高至几乎与地面平行，然后大腿带动小腿迅速向出球方向摆动，用脚背的正面击球的后中部，同时在摆腿踢球的过程中向出球方向转体。出球后，面对出球方向。

（三）脚背内侧踢球

脚背内侧踢球用于踢定位球、过顶球，以及进行远距离传射和转身踢球。

踢定位球时，助跑方向与出球方向成 90° 角。支撑脚的脚掌外沿积极踏在球的侧后方 25 ～ 30 厘米处，膝关节弯曲，支撑脚的脚尖指向出球方向，并踏在球的横轴（与出球方向垂直的轴）的延长线上，身体向支撑脚一侧稍

脚背内侧踢球

倾斜。在支撑脚着地的同时，踢球腿以髋关节为轴，以大腿带动小腿由后向前摆动。当身体转向出球方向、膝关节大约摆至球的正上方时，小腿加速前摆，脚尖稍外转并下压，以脚背内侧踢球的后中部。踢球后，摆动腿继续向出球方向摆动。（图 7-2-3）

图 7-2-3

转身踢球时，在助跑的最后一步蹬离地面时，身体转向出球方向，支撑脚以脚掌外沿着地，脚尖指向出球方向，上体侧前倾，膝关节弯曲。后面的动作与踢定位球相同。

（四）脚背外侧踢球

脚背外侧踢球用于踢定位球、弧线球、弹拨球等。

踢定位球时，助跑、支撑脚的位置和踢球腿的摆动基本与脚背正面踢球相同，只是用脚背外侧触球。在踢球腿的膝关节大约摆至球的正上方、小腿加速前摆的一刹那，膝关节和脚尖内转，脚背绷直，脚趾扣紧，以脚背外侧踢球的后中部。踢球后，踢球腿继续前摆。（图7-2-4）

图 7-2-4

此外，踢球方法还包括脚尖踢球、脚跟踢球等，这些踢球方法常用于短传和射门。

二、运球

脚背正面运球

（一）脚背正面运球

脚背正面运球常用于快速运球前进。

运球时，身体自然放松，上体稍前倾，两臂自然摆动，步幅不宜过大；运球脚的脚跟提起，脚尖下压，用脚背正面推拨球前进。（图7-2-5）

图 7-2-5

（二）脚背外侧运球

脚背外侧运球常用于快速运球和运球变向。

脚背外侧运球的动作要领与脚背正面运球相似，不同的是，运球脚的脚

脚背外侧运球

尖稍内转，用脚背外侧触球。

（三）脚背内侧运球

脚背内侧运球常用于运球变向和用身体掩护球。

运球时，身体自然放松，步幅不宜过大，上体稍前倾并向运球方向转动。运球脚提起时，膝关节微屈，脚跟提起，脚尖稍外转。在迈步前伸着地前，用脚背内侧推拨球。

脚背内侧运球

（四）脚内侧运球

脚内侧运球是运球技术中最慢的一种运球方法，常结合身体掩护使用。

运球时，支撑脚向前跨出一步，踏在球的侧前方，膝关节微屈，上体稍前倾并向内转。随着身体向前移动，运球脚提起，用脚内侧推球的后中部。

脚内侧运球

三、停球

停球是指队员有目的地用身体的合理部位把运行中的球停到或接到自己所需要的控制范围内。停球是为了更好地理顺球，使之为传球、运球、过人和射门服务。停球的好坏直接影响到下一个动作能否顺利完成。因此，每一个运动员必须熟练地掌握停球技术。停球动作要力求简练、快速和多变，并能与下一个动作紧密地衔接起来。

（一）脚内侧停球

脚内侧停球易掌握，触球面积大，易停稳，便于进行变向和结合下一个动作，多用于停地滚球、空中球、反弹球等。

（1）停地滚球：支撑脚正对来球，膝关节微屈；停球脚外转并前迎来球，在球与脚接触前的一刹那开始后撤，并在后撤过程中用脚内侧触球，把球停在自己所需要的位置上。（图7-2-6）

脚内侧停地滚球

（2）停反弹球：支撑脚踏在球的落点的侧前方，膝关节微屈，上体稍前倾并向停球脚方向微转；同时停球脚提起并放松，用脚内侧对准球的反弹路线；当球落地反弹刚离地时，用脚内侧触球的后中上部。（图7-2-7）

脚内侧停反弹球

图7-2-6　　　　　　　　　图7-2-7

（3）停空中球：一种方法是根据来球的高度，将停球脚抬起，用脚内侧对准来球路线，在脚与球接触前的一刹那开始后撤，并在后撤过程中用脚内侧触球，把球控制在下一个动作所需要的地方（图7-2-8）；另一种方法是将脚提起至稍高于所选择的停球点，在脚与球接触前的一刹那，用脚内侧切球的侧上部，把球停在地面上。用切压法停球时，往往停球不稳，因此需要及时进行调整。

图 7-2-8

（二）脚底停球

脚底停球常用于停地滚球和停反弹球。

1. 停地滚球

支撑脚踏在球的侧后方，膝关节微屈，脚尖正对来球；同时停球脚提起，膝关节自然弯曲，脚尖翘起，脚跟不得高于球，踝关节放松，用前脚掌触球的中上部。（图7-2-9）

脚底停地滚球

图 7-2-9

2. 停反弹球

支撑脚踏在球的落点的侧后方；在球着地的一刹那，停球脚的前脚掌对准球的反弹路线，触球的中上部。

脚底停反弹球

（三）脚背外侧停球

脚背外侧停球常常与假动作结合起来做，具有较强的隐蔽性。该动作身体重心移动较大，不易掌握。脚背外侧停球常用于停地滚球和停反弹球。

脚背外侧停
地滚球

1. 停地滚球

停球脚稍提起，膝关节和脚尖内转，以脚背外侧对准来球，在支撑脚前侧触球的侧后部（偏支撑脚一侧）。接球时要将球向停球脚一侧轻拨，把球停在侧方或侧后方。（图 7-2-10）

图 7-2-10

2. 停反弹球

身体侧对来球，支撑腿的膝关节微屈；停球脚在支撑脚前方稍提起，脚尖内转，使停球腿的小腿与地面形成一定角度并放松。当球反弹刚离地时，用脚背外侧触球的侧上部，将球停在体侧。

脚背外侧停
反弹球

（四）脚背正面停球

脚背正面停球常用于停空中下落的球。

一种方法是停球脚提起迎球，以脚背正面对准下落的球，脚背在与球接触前的一刹那开始下撤，并在下撤的过程中用脚背正面触球的底部，同时小腿和脚踝放松，将球停在体前。另一种方法的动作幅度较小，仅将脚伸出迎球，在脚背与球接触的一刹那，停球脚的踝关节放松撤引，以缓冲来球的力量。

脚背正面停球

（五）胸部停球

胸部面积较大、有弹性，并且位置高，能停高球和空中平球。胸部停球有收胸式停球和挺胸式停球两种方式。

1. 收胸式停球

收胸式停球一般用来停与胸齐平的平直球。停球时，面对来球，两脚开立，两臂自然张开，挺胸迎球。在球运行到与胸部接触前的一刹那，迅速收胸、耸肩、收腹，以缓冲来球的力量，将球停在身前（图 7-2-11）。如果要把球停向左（右）侧时，则在触球的同时向左（右）侧转体，并用同侧胸部触球。

收胸式停球

2. 挺胸式停球

挺胸式停球一般用于停高于胸部的下落球。停球时，面对来球，两脚开立，两膝微屈。在球与胸部接触前的一刹那，收下颌，挺胸，上体后仰，以缓冲来球的力量，使球弹起再落于身前。（图 7-2-12）

挺胸式停球

图 7-2-11

图 7-2-12

四、头顶球

头顶球是用于争取时间和取得空中优势的主要技术，在进攻和防守中都起着重要作用。头顶球可分为前额正面顶球和前额侧面（额侧）顶球。这两种头顶球方式都能以原地、跳起、鱼跃等方式顶球。

（一）前额正面顶球

1. 原地前额正面顶球

身体正对来球，两脚开立，膝关节微屈，上体后仰，两臂自然分开，两眼注视来球。在球运行到前额上方前的一刹那，两脚用力蹬地，收腹，身体迅速前摆。当球运行到前额上方时，颈部收紧，收颌甩头，用前额正面顶球的后中部，然后上体随球继续前摆。（图 7-2-13）

原地头顶球

图 7-2-13

2. 原地跳起前额正面顶球

原地起跳时，两腿先弯曲，身体重心下降，然后两脚用力蹬地起跳；同时两臂屈肘上摆，在起跳上升过程中，上体后仰，两臂自然分开，两眼注视来球。在跳到最高点准备顶球时，身体呈反弓形。当球运行到前额上方前的一刹那，收腹，上体迅速前屈，甩头，用前额正面将球顶出。顶球后，两腿自然屈膝，缓冲落地。（图 7-2-14）

原地跳起头顶球

　　单脚起跳时，起跳前可做三五步助跑，最后一步要稍大些，并用力蹬地；同时另一条腿屈膝、上摆，两臂自然上提，使身体向上跳起。跳起在空中时，身体呈反弓形，其他动作与原地前额正面顶球相同。

图 7-2-14

（二）前额侧面（额侧）顶球

1. 原地额侧顶球

　　两脚前后开立，两膝微屈，上体和头部稍向出球方向异侧转动，身体重心放在后脚上，两臂自然张开，两眼注视来球。当球运行到与出球方向同侧肩的前上方时，用额侧部位击球的后中部。头部触球时，后脚用力蹬地，上体迅速向出球方向扭转，同时甩头。

2. 跳起额侧顶球

　　跳起额侧顶球一般用单脚起跳，跳起动作与原地跳起前额正面顶球的单脚起跳动作相同。在跳起上升过程中，上体侧屈，侧对来球。在跳到最高点顶球时，急速转体、甩头，用额侧将球顶出。顶球后，两腿微屈，以缓冲落地的力量。

五、抢截球

　　抢球是把对方控制的球或将要控制的球夺过来或破坏掉。截球是将对方队员传出的球堵截住或破坏掉。

（一）正面抢截球

　　正面抢截球有正面跨步抢截球和正面铲球。

1. 正面跨步抢截球

　　两脚前后开立，两膝微屈，身体重心下降并落在两脚之间，面向对方（图 7-2-15）。对方运球前进，当脚触球即将着地或刚着地时，抢球者一脚用力蹬地，抢球脚以脚内侧正对球并向球跨出一步，膝关节弯曲，上体前倾，身体重心移至抢球脚上，另一只脚立即前跨成支撑脚；如果双方的脚同时触球，则抢球者要顺势向上提拉球，使球从对方的脚背滚过；同时身体要迅速跟上，把球控制住。

正面跨步抢截球

2.正面铲球

两脚前后开立，两膝微屈，身体重心下降并落在两脚之间，面向对方。对方运球前进，在脚触球的一刹那，抢球者一脚用力后蹬，另一脚前伸，然后将球铲出。

（二）合理冲撞抢球

合理冲撞抢球

当与对方并肩跑动时，身体重心稍下降，同时与对方接触一侧的手臂要紧贴身体。当对方靠近自己一侧的脚离地时，抢球者用肘关节以上部位冲撞对方的相应部位，使对方失去平衡而离开球，然后趁机将球控制过来。（图7-2-16）

图 7-2-15   图 7-2-16

（三）侧后方铲球

铲球是抢截球技术中难度较大的技术动作。侧后方铲球包括同侧脚铲球和异侧脚铲球。

1.同侧脚铲球

当控球者拨出球的一刹那，抢球者的后脚（异侧脚）用力后蹬，成跨步；前脚（同侧脚）以脚外侧沿地面向前外侧滑出，用脚背或脚尖将球踢出或捅出；随后小腿外侧、大腿外侧和臀部依次着地。

同侧脚铲球

2.异侧脚铲球

当控球者拨出球的一刹那，抢球者的后脚（同侧脚）用力后蹬，成跨步；前脚（异侧脚）以脚外侧沿地面向前内侧滑出，用脚底将球蹬出去；随后小腿外侧、大腿外侧和臀部依次着地。

异侧脚铲球

六、掷界外球

掷界外球不受越位限制，是组织进攻的机会。如果界外球掷得既远又准，就能加快进攻速度。

（一）原地掷界外球

原地掷界外球

面对出球方向，两脚前后（左右）开立，膝关节弯曲，上体后仰，身体重心移到后脚上（左右开立时，身体重心在两脚之间）。两手自然张开，拇指相对（呈八字形），持球的侧后部，屈肘，将球置于头后。掷球时，后脚用力蹬地，两腿迅速伸直，身体重心由后脚移到前脚，收腹屈体，同时两臂急速前摆。当球被摆到头上方时，用力甩腕将球掷入场内。掷球时，后脚可沿地面向前滑动，两脚均不可离地或踏入场内（允许踏在线上）。（图7-2-17）

图 7-2-17

（二）助跑掷界外球

两手持球于胸前，在助跑迈出最后一步时，上体后仰，同时将球举至头后，掷球时的动作与原地掷界外球相同。

助跑掷界外球

第三节　足球基本战术

一、比赛阵型

比赛阵型是指比赛场上队员基本位置的排列形式，是本队攻守力量分配与分工的形式。选择比赛阵型时，要以本队队员的特长、体能和技术水平为依据。

根据队员的职责和排列的层次可将队员分为后卫线、前卫线和前锋线。阵型的人数排列原则是从后卫向前锋计数，守门员不计算在内。

目前，世界大赛中普遍采用的比赛阵型有"4-3-3"（图7-3-1）、"4-4-2"（图7-3-2）、"3-5-2"（图7-3-3）等。在以上阵型中，除了"4-4-2"阵型以防守为主、反击为辅外，其他阵型均以进攻为主，尤以"3-5-2"阵型更为突出。

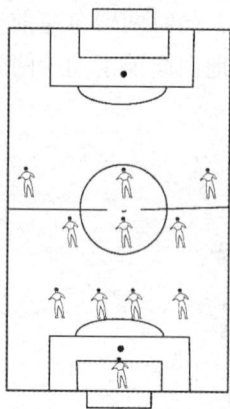

图 7-3-1   图 7-3-2   图 7-3-3

二、攻守战术

（一）进攻战术

边路进攻战术：在对方半场两侧地区发动的进攻。如图 7-3-4 所示，守门员①接球后立即传给右后卫②，②传给向前跑动接应的⑦，⑦得球后传给前锋⑧，随后⑦接⑧的斜传球，⑦得球后下底传中。

中路进攻战术：在对方半场中间地带发动的进攻。如图 7-3-5 所示，守门员①传球给⑥，⑥传球给⑨，⑨又传球给⑧，⑧与⑨做"二过一"配合切入射门。

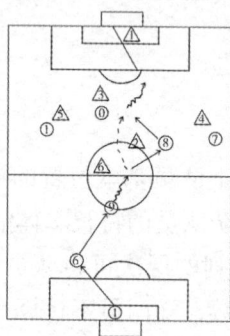

图 7-3-4   图 7-3-5

（二）防守战术

混合防守战术：人盯人防守与区域防守相结合的防守方法。人盯人防守的特点是对进攻队员进行紧逼，使其传球、停球、射门等活动受到限制。进攻队员有意识地交叉换位、策动、突破等，会造成队员在防守上出现空隙，而人盯人防守的这一缺陷刚好由区域防守来弥补。

队员间的互相补位战术：补位是指防守队员互相协助，也就是斜线防守与三角防守相结合的一种防守方法。

（三）定位球战术

定位球战术包括中圈开球、掷界外球、踢球门球、罚点球、罚角球、踢任意球等的攻守配合，特别是在罚角球和在对方罚球区附近罚任意球时，如果组织得好，得分的可能性很大。目前，定位球战术已引起人们的重视。

角球的进攻战术：将角球直接传至门前，争取射门。由踢球技术较好的队员主罚角球，并由头球能力较强的队员争抢头球射门。一般将球传至远端门柱附近、距球门 10 米左右的地点。在此地点，攻方容易争顶射门，同时守门员较难出击。攻方队员不要过早地等在那里，而是在球发出后，判断球的运行路线，及时冲上去争抢射门。

角球的防守战术：当对方罚角球时，本方前锋、前卫要快速回防，迅速组织防守，安排头球技术好的队员守住主要危险区，同时要重点防守对方头球技术好的进攻队员，其他人进行盯人防守，不得漏防。守门员站在远端门柱附近，以利于观察场上情况并随时准备出击。要留一名后卫站在近端门柱处，以防对方发向近端门柱的球；边锋可站在离球 9.15 米的端线处，以防进攻队员的短传配合和下底传中，并对罚角球者的心理起到一定的扰乱作用。当守门员出击时，须有队员补防球门。

第四节 足球竞赛规则简介

足球竞赛规则

一、罚球区的规定

罚球区是球门前的区域（包括球门在内），在该区域内有着较严格的规定。

（1）守门员在本方罚球区内可以用手触球，但本方队员故意用脚将球回传给守门员时，守门员用手接球则要被判罚间接任意球。

（2）防守队员在罚球区内犯规被判罚直接任意球时，应罚点球。

（3）在罚点球时，除了守门员和主罚队员外，其他队员都不准进入罚球区内。

（4）在攻方踢球门球或守方在罚球区内罚任意球时，必须把球直接踢出罚球区，比赛方可开始。

（5）在攻方踢球门球或守方在罚球区内罚任意球时，攻方队员必须自动退出此区域外，并距球 9.15 米。

（6）在罚球区内，如果守门员用手控制球（接住球）后又使球重新进入比赛状态，则未经对方触球，守门员不能再次用手触球。

二、越位

当传球者触（踢、顶等）球时，同队接球队员的位置处在球的前面，并且该队员与对方球门线之间没有对方队员时（不包括对方守门员），即为越位。该接球队员在本方半场或队员直接抢到球门球、角球和掷界外球时，则无越位；队员仅仅是处于越位位置，裁判员认为其没有干扰比赛、干扰对方或没有利用越位位置取得利益时，也无越位。

三、任意球

在比赛中，队员出现犯规和不正当行为时，根据规则要判罚直接任意球或间接任意球。

（一）直接任意球

罚球队员直接将球踢进对方球门得分有效。防守队员在本方罚球区内出现防守犯规而被判罚直接任意球时，则为点球。下列情况将被判定为直接任意球：绊、摔、拉、推、踢或企图踢对方队员；带有暴力地和危险性地冲撞对方队员；打或企图打对方队员；除守门员外的其他队员用手触球；向对方队员吐口水；跳向对方队员；等等。

（二）间接任意球

罚球队员不能直接射门得分（俗称"两脚球"）。下列情况将被判定为间接任意球：动作带有危险性；队员不踢球而是故意阻挡对方；阻挡对方守门员发球；守门员违例。

四、黄牌

比赛中，运动员应被黄牌警告的情况如下：不服从裁判，抗议或干扰裁判员执行判罚；有对判罚表示不满的手势或举动；煽动行为、表现粗野的行为；用语言或行动侮辱、威胁对方队员、观众或工作人员；故意延误时间；罚任意球时故意不退出 9.15 米；未经裁判员许可进入或重新进入比赛场地；等等。

五、红牌

比赛中，运动员应被裁判员出示红牌的情况如下：犯有暴力行为；出现严重犯规；对直接威胁球门的攻方队员实行犯规战术；用故意手球破坏对方的进球或明显的进球得分机会；经黄牌警告后又犯规，即第二次被黄牌警告者。

第八章 乒乓球运动

第一节 乒乓球运动概述

一、乒乓球运动的起源

乒乓球运动起源于英国，由网球运动派生而来。据说，19 世纪后期，英国一些大学生在室内，以桌为球台、以书为球网、以酒瓶的软木塞为球，使用羊皮做的球拍在桌台上"打球"，形成了"桌上网球（table tennis）"，这项运动也就此得名。后来，人们使用空心塑料球代替了软木塞。因塑料球击在木板拍上发出"乒乓"的声音，故此项运动又被称为乒乓球。

二、中国乒乓球运动的发展

1904 年，乒乓球运动从日本传入中国。1952 年，第 1 届全国乒乓球锦标赛在北京举行，同年，中华全国体育总会乒乓球部加入国际乒乓球联合会（简称"国际乒联"）。从此，乒乓球运动在全国迅速发展起来，每年都有各种全国性或区域性的乒乓球比赛举行。1953 年，中国乒乓球队首次参加了世界乒乓球锦标赛（简称"世乒赛"），此后中国乒乓球队又参加了多次世界性赛事。1959 年，容国团在第 25 届世乒赛上为中国夺得了世界体育比赛中的第 1 个世界冠军。1961 年，在北京举行的第 26 届世乒赛中，我国运动员第一次夺得了男子团体世界冠军，并同时夺得了男单和女单世界冠军。从此中国乒乓球队跻身于世界强队行列，并多次获得世界乒乓球大赛的各项冠军，乒乓球也被视为中国的"国球"。进入 21 世纪，在 2000 年第 45 届世乒赛团体赛中，中国女子乒乓球队获得冠军。2003 年 5 月，第 47 届世乒赛在巴黎举行了单项赛，这是国际乒联将赛制改成 11 分制后的首届世乒赛，中国乒乓球队获得了 5 枚金牌中的 4 枚，女队的王楠收获 3 枚金牌。2004 年 3 月，中国男子乒乓球队和女子乒乓球队在世乒赛团体比赛中均取得了比赛中所有场次的胜利，最后分别捧回了象征着整体实力最高荣誉的斯韦思林杯和考比伦杯。中国乒乓球队继在 2008 年北京奥运会上包揽乒乓球比赛男单、女单、男团、女团 4 枚金牌之后，在 2012 年伦敦奥运会上再次包揽乒乓球比赛男单、女单、男团、女团4枚金牌；同年，在亚洲乒乓球锦标赛上又包揽了乒乓球比赛女单、男单、女双、混双、女团、男团6个项目的冠军。在2014年第52届世乒赛上，中国乒乓球队再次获得男、女团体冠军。在2016年里约热内卢奥运会上，中国乒乓球队再次包揽乒乓球男单、女单、男团、女团4枚金牌。

第二节 乒乓球基本技术

一、握拍法

握拍法是指单手持球拍的方法。世界上流行直拍和横拍两种握拍方法，这两种握拍方法各有千秋，具体运用时应因人而异、扬长避短。下面以右手执拍为例进行讲解。

（一）直拍握法

拇指第一指节和食指第二指节握住球（两指之间的距离适中）拍的正面，拍柄压住虎口，中指、无名指和小指自然弯曲呈斜形重叠于球拍背面，中指第一指节顶住球拍的后上部，使球拍保持平稳。（图8-2-1）

直拍握法

图 8-2-1

（二）横拍握法

中指、无名指和小指自然地握住拍柄，拇指在球拍正面轻贴在中指的旁边，食指自然伸直并斜放于球拍的背面，虎口轻微贴拍。击球时，拇指和食指帮助手腕调节拍形和加大挥拍力量。正手攻球时，食指向上移动；反手攻球时，拇指向球拍中部移动，以帮助手腕下压，加大击球力量。（图8-2-2）

横拍握法

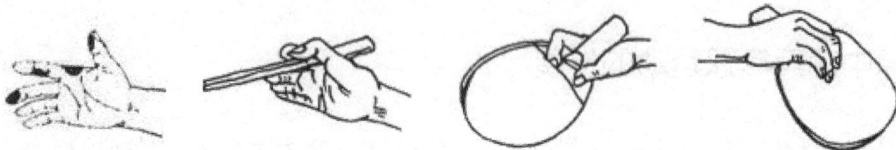

图 8-2-2

二、准备姿势

两脚开立，间距约与肩同宽，两膝微屈稍内扣，两脚以前脚掌内侧着地，身体重心放在两脚中间，上体微前倾。下颌微收，两眼注视来球，持拍手臂自然弯曲，手腕放松，球拍自然前伸，置于腹前，左臂自然弯曲抬起且高于台面。

准备姿势的重点和难点：两脚以前脚掌内侧着地，屈膝，提踵，放松微动。

三、基本技术

（一）发球技术

发球是乒乓球比赛中唯一不受对方限制的技术。它可以让运动员最大限度地实现战术意图，具有较强的主动性。因此，发球技术成为乒乓球比赛中创造得分机会的主要技术。

1. 正手平击发球

身体离球台约 40 厘米，两脚开立，间距略宽于肩，左脚稍靠前。左手将球向上抛起，身体稍右转，同时右臂内旋，使拍形稍前倾，向右后方引拍。当球从高点下降至稍高于球网时，击球的中上部并向左前下方挥拍，以向前发力为主。击球后，迅速还原。（图 8-2-3）

正手平击发球

图 8-2-3

2. 反手平击发球

身体离球台约 40 厘米，两脚开立，间距略宽于肩。左手将球向上抛起，身体稍左转，同时右臂外旋，使拍形稍前倾，向左后方引拍。当球从高点下降至稍高于球网时，击球的中上部并向右前下方挥拍，以向前发力为主。击球后，迅速还原。（图 8-2-4）

反手平击发球

图 8-2-4

3. 正手发奔球

身体尽可能靠近球台站立，左手将球向上抛起，同时右臂内旋，使拍形稍前倾，前臂自然下垂，肘关节高于前臂，上体略向右转，身体重心移至右脚，向右后方引拍。当球从高点下降至近于球网高度时，击球的右侧中部并向右侧上方摩擦。在触球的瞬间，拇指压拍，手腕从右后方向左上方抖动。击球后，挥拍手臂尽可能制动，停止随挥动作。（图 8-2-5）

正手发奔球

图 8-2-5

4. 反手发奔球

身体靠近球台，两脚开立，身体略向左倾斜，左手掌心托球置于体前偏左侧。左手将球向上抛起，同时右臂外旋，使拍形稍前倾，上臂自然靠近身体左侧，向身体左后方引拍，身体重心在右脚上。球从高点下降至低于网高时，击球的左侧中上部。触球瞬间，前臂加速向左前上方横摆，手腕弹击，使拍面摩擦球，腰部配合向右转动。球击出后的第一落点接近本方台区端线。手臂继续向右前上方挥动，调整身体重心，并快速还原。（图 8-2-6）

反手发奔球

图 8-2-6

5. 正手发下旋加转球与不转球

正手发下旋加转球：身体靠近球台，左脚稍前，左手掌心托球置于身体的右前方。左手将球抛起的同时，腰向右后方转，右臂向后上方引拍，使拍面后仰。若直握拍则手腕伸直，若横握拍则手腕略向外展和伸直。当球从高点下降至稍高于网或与网同高时，以腰带动前臂加速向左前下方挥动，同时手腕内屈，以球拍远端（拍头）触球，击球的中下部并向底部摩擦。（图 8-2-7）

图 8-2-7

正手发不转球与发下旋加转球动作基本一致，区别：发不转球时，手臂外旋幅度小，拍面后仰角度小，以球拍中后部偏右的地方触球，击球的中部或中下部，减少向下摩擦球的力量；击球动作近似将球向前推出，使击球的作用力接近球心，从而形成不转球。球发出后，挥拍动作尽可能停止，以利于还原。

6. 反手发下旋加转球与不转球

反手发下旋加转球：身体靠近球台，右脚稍前，左手掌心托球置于身体左前方。左手将球抛起的同时，腰向左后方转，右臂向左后上方引拍，使拍面后仰。若直握拍则手腕内收，若横握拍则手腕略向外展。当球从高点下降至稍高于网或与网同高时，以腰带动前臂加速向右前下方挥动，直握拍时手腕伸展，横握拍时手腕内收，以球拍远端（拍头）触球，击球的中下部并向底部摩擦。控制动作的幅度，并快速还原。（图 8-2-8）

图 8-2-8

反手发下旋加转和不转球的区别与正手发下旋加转球和不转球的动作区别类似。

（二）攻球技术

攻球技术是乒乓球技术中重要的得分技术之一，在击球方式上以撞击为主，因此其具有击球速度快、动作幅度小、进攻性强的特点。攻球技术可分为正手攻球和反手攻球，现代乒乓球技术中又将其进一步细化为快攻、快点、快拉、快带、突击、扣杀、挑打、滑板等技术。每种攻球技术都有不同的特点和战术目的，要全面掌握攻球技术，就必须掌握好基本的攻球技术。下面重点介绍正手攻球技术和反手攻球技术。

1. 正手攻球技术

（1）正手快攻：左脚稍前，身体离球台约40厘米。手臂自然弯曲并内旋，使拍形稍前倾，身体重心移向右脚。右前臂横摆，引至身体右侧后方。右脚稍用力蹬地，腰向左转，上臂带动前臂快速向左前方挥拍迎球，在球的上升期（或高点期）击球的中上部。触球瞬间，前臂迅速收缩，以向前击打为主，略带有摩擦；手腕辅助发力，身体重心由右脚移至左脚。击球后，迅速还原。（图8-2-9）

图 8-2-9

（2）正手扣杀：左脚稍前，站位距球台的远近视来球长短而定。手臂自然弯曲并内旋，使拍形稍前倾，球拍呈半横状。随着腰、髋的转动，手臂向后移动，将球拍引至身体右后方，适当加大引拍距离。借腰、髋的左转和腿的蹬力，带动手臂向前迎球。当来球跳至高点期（位置合适可在上升期）时，上臂带动前臂同时加速向左前下方发力，拍形前倾，击球的中上部，以撞击为主，略带有摩擦（近网除外）。击球后，身体重心由右脚移至左脚。扣杀后，立即还原，准备连续扣杀。（图8-2-10）

正手扣杀

图 8-2-10

2. 反手攻球技术

（1）直拍反手快攻：身体离球台 40～50 厘米，左脚稍前。身体略左转，腰部扭紧，右肩略下沉，上臂贴近躯干，肘部内收。右前臂后引球拍至身体左侧，位置略高于来球。用腰、髋的突然转动带动前臂向右前方发力，在球的上升期或高点期击球的中上部，用力将球击出。击球后，迅速还原。（图 8-2-11）

图 8-2-11

（2）横拍反手快攻：身体靠近球台，左脚稍前。身体左转，右肩前顶略下沉，将球拍向左侧后引至腹前；肘部前顶，手腕稍内收，拍形前倾，拇指抵住拍面。腰、髋略向右转动，前臂带动上臂由左后向右前上方挥拍，击球点在体前偏左侧处。在球的上升后期或高点期击球的中上部，击球以前臂发力为主。击球后，迅速还原。（图 8-2-12）

图 8-2-12

（三）推挡技术

推挡技术是我国直拍快攻打法的基本技术之一，特别是在左推右攻打法中占有极其重要的地位。推挡球可分为平挡、快推、加力推、减力挡等。

1. 平挡

上臂自然贴近身体，拍形稍前倾，将球拍引至身体前方，在球的上升期触球的中部或中上部。在击球瞬间，只以前臂和手腕轻轻用力向前上方推出，主要借助来球的反弹力将球挡回（回击弧圈球时，球拍须高于来球，在球的上升后期击球）。（图 8-2-13）

图 8-2-13

2. 快推

上臂和肘内收，并自然靠近身体右侧。以肩为轴，右臂将球拍引至身体前方。当来球跳至上升期时，前臂和手腕迅速向前并略向上推出。拍形稍前倾，击球的中上部。以前臂和手腕发力为主，并适当借力。（图 8-2-14）

快推

图 8-2-14

3. 加力推

以肩为轴，右臂屈肘向后引拍，将球拍引至身体前方较高处，拍形稍前倾，略收腹。当来球处于上升后期或高点期时，上臂、前臂和手腕加速向前下方推压，腰、髋向左转动，配合发力，击球的中上部，中指的第二指节用力顶拍。（图 8-2-15）

加力推

图 8-2-15

4. 减力挡

击球前，身体重心略升高，右臂稍屈，球拍保持合适的前倾角度。在来球刚刚弹起时，触球的中上部。在触球瞬间，有意识地做手臂和手腕后收的动

减力挡

作，以削弱来球的反弹力，同时借来球的力量将球挡过去。（图 8-2-16）

图 8-2-16

（四）搓球技术

搓球技术是近台还击下旋球的一种基本技术，可用它为拉弧圈球创造条件。搓球技术与攻球技术结合起来可以形成搓攻战术。在接发球时，运动员可以将搓球作为有效的过渡，为自己的下一板创造进攻机会。

1. 慢搓

（1）反手慢搓：右脚在前或两脚平行站立，身体离球台 40～50 厘米。手臂外旋，使拍面后仰，前臂向左上方引拍至胸前，若横握拍则手腕适当外展，若直握拍则手腕内收，拍头指向斜上方。当来球跳至下降前期时，前臂带动手腕加速向右前下方用力摩擦球。拍面后仰，击球的中下偏外侧的部位。击球后，前臂顺势前送，并注意还原。（图 8-2-17）

反手慢搓

图 8-2-17

（2）正手慢搓：正手慢搓与反手慢搓动作相同，但方向相反。

2. 快搓

（1）反手快搓：两脚平行或右脚稍前，身体靠近球台。肘部自然靠近身体，右臂后引动作幅度较小，拍面稍后仰。当来球跳至上升期时，利用上臂前送的力量，前臂与手腕配合，借力结合发力，触球的中下部并向前下方用力摩擦。尽快还原，准备下一板球。（图 8-2-18）

正手慢搓

反手快搓

图 8-2-18

（2）正手快搓：正手快搓与反手快搓动作相同，但方向相反。

（五）弧圈球技术

弧圈球技术是现代乒乓球中最主流的进攻技术，其优势是将球的速度与旋转有效地结合起来。

1. 正手弧圈球

首先判断来球情况，确定拉球时间和拉球部位。两脚开立，左脚稍前，收腹、含胸、屈膝，使身体重心降低并落在两脚之间。腰、髋向右转动，身体重心置于右脚前脚掌上，右肩略下沉，左肩自然转向来球方向，右腿屈膝程度加大，前臂自然下垂，通过转腰带动上臂、前臂经腹前向右侧下方移动，将球拍引至身体右侧腰部下方稍后处。手臂自然放松，肘关节夹角保持在 150°～170°。右脚蹬地，髋关节适当前倾，腰部带动上臂向左转动，前臂向左前上方挥拍击球。通常击球的中部或中上部（如果增加侧旋，则可在击球时略偏右并带侧向摩擦），前臂和手腕在即将触球时迅速内收，手指在球拍触球瞬间抓紧球拍。当来球下旋强烈或击球点较低时，球拍多向上摩擦；反之，在保证必要弧线轨迹的前提下可增加撞击的力量，以增加球的前冲力。击球后，手臂继续顺势挥动，身体重心移到左脚上，迅速还原。（图 8-2-19）

正手快搓

正手侧旋弧圈球

图 8-2-19

2. 反手弧圈球

反手弧圈球的动作原理与正手弧圈球类似。除了左右方向相反外，还须注意以下几点：①近台反手拉球时，站位基本上以左脚在前为主；②中远台拉球时，站位多以两脚平行或右脚稍前为主；③反手拉球时，在引拍阶段，

反手弧圈球

92

肘部要稍微离开身体并置于身体外侧，以确保球拍在身体前有一定的击球空间；④近台拉球时，引拍动作幅度不宜过大。

第三节　乒乓球基本战术

乒乓球基本战术是乒乓球运动员为争取比赛胜利用于指导和进行比赛所采用的方法。

一、发球抢攻战术

发球抢攻是我国乒乓球运动员的重要战术之一。近年来，世界各种类型打法的运动员都越来越重视发球抢攻战术，并使之有了很大的发展。

运用发球抢攻战术时，应注意以下几点。

（一）发球与抢攻的配合

运动员在发球时应明确对方可能怎样接、接到什么位置，以及自己怎样抢攻等。

例如，若弧圈球选手发下旋球至快攻选手的反手位置，快攻选手抢拉弧圈球则十分有利；若快攻选手把下旋球发至弧圈球选手的反手位置，而对方接发球抢拉或搓一板强烈下旋球至快攻选手的反手位置，快攻选手则往往处于被动。

（二）发球抢攻与其他战术的配合

运动员的接发球水平越高，接过来的球就越难抢攻。此时，运动员可先控制一板，争取下一板抢攻，不能一心只想发球后就抢攻；一旦无机会或盲目抢攻，就会显得无计可施，进而形成相持的被动局面。

（三）提高发球的质量

运动员在发球时应特别强调发球技术的创新，为抢攻制造更多的机会，还应特别注意克服发球方法都是高抛、发球落点只短无长的缺点。此外，运动员还应将速度、旋转与落点的变化结合起来。

（四）抢攻应大胆果断

不论对方是用搓还是拉（包括弧圈球）等技术接发球，本方应都能抢攻。若运动员的抢攻技术好，就可以增加发球的威力。若对方接发球顾虑多，就容易出现机会。

二、对攻战术

两名进攻型选手相遇而形成对攻局面时，常采用下列战术。

（一）压对方反手，伺机正手攻或侧身攻

压对方反手，伺机正手攻或侧身攻战术适用情况和注意事项如下。

（1）这种战术一般用于对付反手能力较弱或进攻能力不强的运动员。

（2）压对方反手时，本方可用推挡、反手攻或弧圈球。

（3）压对方反手且准备侧身前，本方应主动制造机会，或突然加力一板，或攻压一板中路，或攻压一板大角度，尽量避免盲目侧身。

（二）压左调右（压反手变正手）

1.适用情况

（1）当反手技术不如对方时，本方应主动变线，避实就虚。

（2）当对方侧身攻的意识极强时，本方用变其正手的方法，既可偷袭对方的空当，又可牵制对方的侧身攻。

（3）用于对付正手位攻击力不够强的选手。

（4）若本方正手攻击力很强，则可主动变对方正手后伺机正手攻。

（5）若本方反手攻击力很强，则可在变对方正手位时直接得分或取得主动。

（6）左手执拍的选手用此战术较多，因其变线的角度大，右手执拍的选手用此战术往往会陷入被动。

2.注意事项

（1）变线球的质量应较高，如推挡变线应凶狠，这样对方跑过去时就会难以发力，己方侧身抢攻就容易。

（2）运动员应避免习惯性变线，若被对方适应，则会陷入被动。

（3）运动员应主动变线，切忌被动变线，否则易给对方提供抢攻的机会。

（三）连压对方中路或正手

连压对方中路或正手战术适用情况如下。

（1）对方的反手攻击力较强。

（2）对方善用两面拉（攻）打法，但反手强、正手弱。

（3）对方虽为两面攻选手，但遇中路球时习惯用侧身攻。

三、拉攻战术

拉攻战术是进攻型打法对付削球打法的主要战术，即用拉球（包括一般拉球、小上旋球和弧圈球）找机会，然后伺机突击（包括扣杀和抢冲）。具体运用时，有以下几种方式。

（一）以拉一角为主，伺机突击特长线路或中路追身

具体拉哪一角，可从以下两个方面考虑。

（1）选择对方削球较弱（不稳或旋转变化不强）的一面。

（2）选择对方攻势较弱的一面。

运动员选择这样的拉球线路，既容易寻找突击的机会，又可避免（或减少）对方的反攻。突击的难度比拉球大，以自己最擅长的线路突击可以提高命中率。中路追身是削球手的共同弱点，易出现高球或直接失误。因此，突击中路是较为"狠毒"的线路。然而，突击中路的技术难度较大，运动员应注意在平时训练中加强这一技术的训练。

（二）拉中路杀两角或拉两角杀中路

拉中路杀两角是从中路找机会，然后杀两角得分，对付站位较近或控制落点较强的削球手效果尤好。

拉两角杀中路是从两角找机会，然后突击中路得分，或是突击中路后，使对方削出更高的机会球，再大力扣杀两大角。

（三）拉左杀右或拉右杀左

拉左杀右或拉右杀左战术实际上是拉一角、杀另一角，一般是拉对方削球或反攻较弱的一角，杀另一角。拉与杀线路的变化可以造成对方不适应而导致其被动或失误。

（四）拉直杀斜或拉斜杀直

拉直杀斜或拉斜杀直各具特点。拉斜线，比较保险、稳健；杀直线，突然性强、速度快，但技术难度较大。拉直线，仅从线路上讲，技术难度较大，但拉球本身技术难度小、较稳健；杀斜线比杀直线容易得多，命中率也高。比赛中具体采用哪个战术，还需依对方和个人的情况而定。一般来说，拉斜杀直比拉直杀斜战术运用得多。

（五）拉长球配合拉将出台的球

在具体运用中，可有以下两种方法。

（1）本方先拉长球至近对方端线处（包括小上旋球和弧圈球），迫使对方后退削球，再突然拉一板中路偏右的短球（将出台），使对方难以控制而削出高球，最后突击得分。

（2）本方先拉将出台的轻球，再发力拉接近端线的长球，使对方因来不及后退而削出

高球或失误。若能拉出将出台的强烈上旋的弧圈球，再配合前冲的长球，则效果更好。

（六）变化拉球的旋转

擅长拉弧圈球的运动员可拉强烈上旋球、不转球和侧旋弧圈球；擅长一般拉球的选手可拉上旋球和侧旋球，用旋转的变化来增加削球的难度。如能将侧旋球拉至对方中路，则效果更好。

（七）拉搓、拉吊结合

拉搓、拉吊结合时，一定不要搓、吊过多，否则会越搓（吊）越无力，对方还会利用此机会反攻。

为防守对方的反攻，搓球和吊球的弧线一定要低并讲究落点。一旦对方反攻后，本方应坚决回击好第一板，使其难以连续进攻。

（八）拉、搓、拱结合

拉、搓、拱结合多为一面使用长胶、另一面使用反胶球拍的运动员在对付削球打法时运用的战术。一般先用弧圈球（包括小上旋球和一般拉球）将对方拉下台去削球，然后用搓球又将其引上台来，在对搓中再突然用拱球找机会，伺机发力突击。

（九）稳拉为主、伺机突击

稳拉为主、伺机突击是使用胶皮球拍的直拍削球手或攻削结合打法的运动员在对付削球时使用的一种战术。他们可稳拉多板，然后再伺机发力进攻。当遇到反攻能力较强的削球手时，运动员应慎用此战术。

四、搓攻战术

搓攻战术既是进攻型打法的辅助战术之一，又是削球打法相互交锋时的主要战术之一。

（一）先搓反手大角，再变直线，伺机进攻

本方先逼住对方反手大角，在观察到其准备侧身攻或将注意力都放到反手位置后，就变线至其正手位置，伺机抢攻。这种战术主要用来对付反手位置不擅进攻的选手。

（二）搓转球和不转球后，伺机反攻

本方一般以先搓加转球为主，然后用相似的动作搓不转球，一旦对方不适应或一时不慎就会将球搓高，从而为本方进攻创造机会。在运用旋转变化时，最好能与落点相结合，两者相辅相成。

（三）以快搓（或摆短）短球为主，配合劈两大角长球，伺机进攻

短球，特别是加转短球，能使对方抢攻的难度增大，但单纯运用短球又会使对方容易适应。近年来，欧洲运动员攻台内短球的技术有了很大提高，因此，我国运动员应注意用两大角长球配合。

对付进攻型运动员（尤其是弧圈球运动员）时，应特别讲究搓球的速度和落点，并应尽量少搓，树立搓一板即攻的指导思想。

（四）搓中转快攻

搓中转快攻是指在对搓中先拉一板弧圈球或小上旋球，迫使对方打快攻的战术。一般有以下两种情况。

（1）搓中突击：直拍正胶快攻手在遇到旋转不是特别强烈的或位置比较合适的搓球时，应大胆运用搓中突击或快点的技术，由此而转入连续进攻。

（2）搓中变推：当遇到对方搓过来不转球（包括长胶、防弧圈球拍搓过来的球）时，直拍进攻型运动员可用推挡对之，由搓变推，转为快攻。

第四节　乒乓球竞赛规则简介

一、相关定义

重发球：不予判分的回合。

击球：用握在手中的球拍或执拍手手腕以下部分触及处于比赛状态的球。

端线：球台的端线，包括端线两端的无限延长线。

阻挡：当球处于比赛状态时，对方击球后，在比赛台面上方或向比赛台面方向运动的球，尚未触及本方台区，即触及本方运动员或其穿戴（带）的任何物品，即为阻挡。

二、合法发球

发球开始时，手掌张开伸平，球应是静止状态，在发球方的端线之后和比赛台面的水平面之上。

发球时，发球员须将球几乎垂直地向上抛起，不得使球旋转，并使球在离开不执拍手的手掌之后上升不少于16厘米。当球从抛起的最高点下降时，发球员方可击球。

三、合法还击

对方发球或还击后，本方运动员必须击球，使球直接触及对方台区，或触及球网装置后，再触及对方球台。

四、发球、接发球和方位的选择

选择发球、接发球和方位的权利应由抽签来决定。中签者可选择先发球或先接发球，或先选择在某一方位。

当一方运动员选择了先发球或先接发球，或选择了先在某一方位后，另一方运动员必须有另一个选择。

五、一局和一场比赛

比赛中先得 11 分的一方为胜一局。如打到 10 平后，则先多得 2 分的一方为此局的胜方。团体赛一般采用五局三胜制，单打比赛采用七局四胜制。

六、乒乓球比赛场地和器材

赛区空间应不少于 14 米长、7 米宽、5 米高，地面应平坦、坚硬、不滑。标准乒乓球台由两块台区组成，每块长 1.37 米，总长为 2.74 米，台面的宽度为 1.525 米，台面与地面相距 76 厘米。乒乓球台面四周为宽 2 厘米的白线，分别称为端线和边线。球网应悬挂在一根绳子上，绳子两端系在高 15.25 厘米的直立网柱上，网柱外缘离开边线外缘的距离为 15.25 厘米。

▶ 第九章 羽毛球运动

第一节 羽毛球运动概述

一、羽毛球运动的起源

现代羽毛球运动起源于 1873 年。当时，从印度归来的英国人将流行于印度的一种类似羽毛球运动的游戏带回了英国，在伯明顿（Badminton）进行了游戏并定下了游戏的规则。从此，人们就以 badminton 作为这种新的运动项目的英文名称，中文把该运动项目称为羽毛球。

二、羽毛球运动的发展

1875 年，第一个军人羽毛球俱乐部在英国成立。1893 年，英国 14 个羽毛球俱乐部组成了英国羽毛球协会。羽毛球运动首先在欧洲传播，然后发展到美洲、亚洲和大洋洲。1934 年，英格兰、法国、爱尔兰、苏格兰、荷兰、加拿大、丹麦、新西兰、威尔士等共同协商成立了国际羽毛球联合会（简称"国际羽联"）。国际羽联于 1948 年创办了汤姆斯杯羽毛球赛（世界男子羽毛球团体锦标赛），于 1956 年创办了尤伯杯羽毛球赛（世界女子羽毛球团体锦标赛），并相继举办了世界羽毛球锦标赛（简称"羽毛球世锦赛"）、世界杯羽毛球赛等。1981 年，国际羽联与 1978 年成立的另一个组织——世界羽毛球联合会正式合并，并沿用原有名称。1988 年，国际羽联接受并指定了混合团体赛与单项锦标赛同时举行的事宜，并决定将苏迪曼杯作为混合团体赛的冠军奖杯。在 1992 年巴塞罗那奥运会上，羽毛球成为奥运会正式比赛项目。2006 年，国际羽联正式更名为羽毛球世界联合会。

羽毛球运动是我国的传统优势项目。20 世纪 60 年代，中国羽毛球队被誉为"无冕之王"，20 世纪 80 年代逐鹿世界羽坛。我国羽毛球运动一直保持世界领先水平。进入 21 世纪后，中国羽毛球队也取得了很好的成绩：在 2000 年悉尼奥运会连夺 4 枚金牌，2004 年雅典奥运会取得 3 枚金牌，2004 年夺回失去 12 年之久的汤姆斯杯，2005 年更是史无前例地做到了汤姆斯杯、尤伯杯、苏迪曼杯三杯齐聚中国。在 2008 年北京奥运会上，我国夺取了男单、女单、女双共 3 枚金牌，重夺男单金牌。在 2010 年巴黎羽毛球世锦赛、2011 年伦敦羽毛球世锦赛和 2012 年伦敦奥运会上，中国包揽了全部 5 个项目的冠军。2015 年 5 月 17 日，在第 14 届苏迪曼杯羽毛球决赛中，中国队成功卫冕，实现苏迪曼杯六连冠。在 2016 年里约热内卢奥运会上，中国队获得男单、男双金牌。

第二节 羽毛球基本技术

一、羽毛球握拍法

（一）正手握拍

先用左手拿住球拍杆，使拍面与地面垂直，然后张开右手，使手掌下部（小鱼际）靠在球拍柄底托部位，虎口对着球拍柄较窄的一面，小指、无名指、中指自然并拢，食指和中指稍稍分开，均自然地弯曲并贴在球拍柄上。（图 9-2-1）

正手握拍

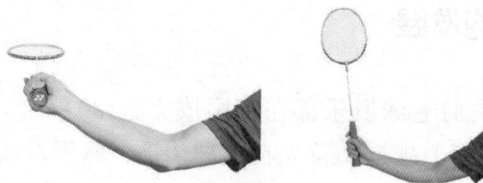

图 9-2-1

（二）反手握拍

在正手握拍的基础上，拇指和食指将拍柄稍向外转，拇指顶在拍柄内侧的宽面上或内侧棱上，中指、无名指和小指并拢握住拍柄，柄端靠近小指根部，使掌心留有空隙（图 9-2-2）。球拍斜侧向身体左侧，拍面稍后仰。运动员在回击身体左侧的来球时大都先转体，然后用反手握拍击球。

反手握拍

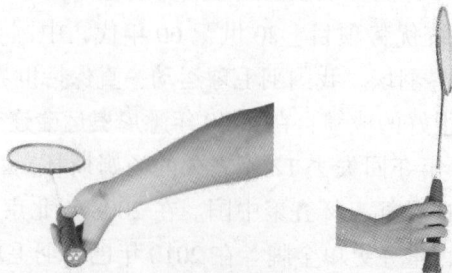

图 9-2-2

二、羽毛球发球技术

（一）正手发球

发球站位：单打的发球站位在中线附近，发球方站在离前发球线 1 米左右的地方；双打发球站位可靠近前发球线。

准备姿势：发球前，身体左肩侧对球网，左脚在前，右脚在后，身体重心在右脚上，右手持拍向右后侧举起，肘部放松微屈，左手拇指、食指和中指夹住球，举在胸腹之间。发球时，身体重心由右脚移至左脚。

1. 正手发高远球

发球前做正手发球准备姿势。发球时，左手把球举在身体的右前方并松手，使球下落；同时右手持拍由上臂带动前臂，从右后方沿着身体向前并向左上方挥动。当球落到右臂向前下方伸直能触到球的一刹那，右手握紧球拍，并利用手腕的力量向前上方发力击球。击球之后，球拍顺势向左上方挥动缓冲。（图 9-2-3）

正手发高远球

图 9-2-3

易犯错误：动作僵硬；放球与挥拍配合不当；击球点靠近身体或离身体太远；握拍太紧，以致力量发挥不出来；发球后，球拍未顺势向左上方挥动缓冲，而是挥向右上方；等等。在发高远球时，如果出现上述错误动作，就应认真对照正手发高远球的动作要领进行练习。

2. 正手发平高球

发球前的准备姿势与发高远球相同。发球的动作过程大致与发高远球相同，只是在击球的一刹那，前臂加速带动手腕向前上方挥动，拍面要向前上方倾斜，以向前用力为主（图 9-2-4）。发平高球时，要注意球发出的弧线的高度以对方接球时伸拍拦截不到球的高度为宜，并应发到对方场区端线附近。

正手发平高球

图 9-2-4

3. 正手发平快球

准备姿势与发高远球相同。站位比发平高球稍靠后些（以便防守时能很快回到本方后场），充分利用前臂带动手腕的爆发力向前方用力，使球直接从对方的肩部稍高处越过，直攻对方后场。发平快球的关键是出手的动作幅度小且速度快，但前期动作应与发高远球一致。此外，发平快球时还应注意不要违反固定高度发球规则（整个球应低于距场地地面高度 1.15 米）。

4. 正手发网前球

准备姿势与发高远球相同。击球时，握拍要放松，上臂动作幅度要小，主要靠前臂带动手腕向前切送，用力要轻。发网前球时应注意手腕不能有上挑动作；另外，落点要在前发球线附近，发出的球要贴网而过，这样可免遭对方扑杀。

（二）反手发球

发球时，站位在前发球线后 10～50 厘米和发球区中线的附近，也可以在前发球线及场地边线附近。面向球网，两脚前后站立（左脚在前或右脚在前均可），上体稍前倾，身体重心在前脚上。右手反手握拍，左手拇指、食指和中指捏住球的两三根羽毛，球托明显朝下（避免犯规），球体与拍面平行或球托对准拍面放在拍面前方。击球时，前臂带动手腕朝前横切推送；发网前球时，用力要轻，主要靠切送；发平快球时，发力要突然；击球时，拍面要有反压动作。（图 9-2-5）

正手发平快球

正手发网前球

反手发平高球

反手发网前球

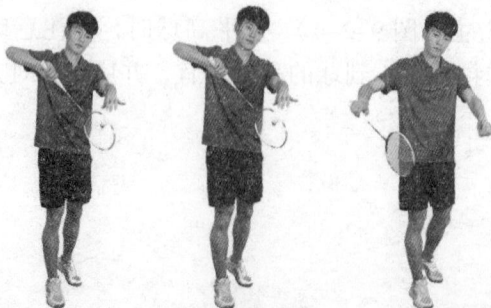

图 9-2-5

三、羽毛球接发球技术

（一）接发球站位

无论是单打还是双打，都应选择一个合理的接发球站位。一般情况下，单打的接发球站位在离前发球线约 1.5 米处：在右发球区应站在靠中线的位置，在左发球区则应站在中间稍偏边线的位置，主要防备对方发球攻击本方的反手区域。双打接发球时，站位可靠近前发球线，由于双打的后发球线距前发球线比单打短 0.76 米，发高远球易被扣杀。因此，双打接发球的主要精力应放在发网前球上。

（二）接发球的准备姿势

单打接发球的准备姿势应为左脚在前、右脚在后，侧身对网，身体重心在前脚，后脚脚跟稍提起，含胸收腹，持拍于身体右前方，两眼注视对方。

双打接发球的准备姿势基本与单打接发球相同，但身体重心可放在任意一只脚上，球拍在肩上高举，注意力要高度集中。

四、后场高空击球技术

后场高空击球又称后场上手击球，即在尽可能高的击球点上，还击对方向端线附近击来的高球。后场高空击球技术具有主动性强、击球力量大等特点。

（一）击高远球

以较高的弧线将来球击到对方场区端线附近的球被称为击高远球。击高远球是一切上手击球动作的基础。

高远球的特点是球的弧线高、滞空时间长。击高远球的作用是逼迫对方远离中心位置，退到端线去接球。这样，一方面可减弱对方进攻的威力，为本方进攻寻找机会；另一方面，在本方被动的情况下，本方有较多的时间来调整站位，摆脱被动局面。上手击高远球分为正手击高远球、反手击高远球和头顶击高远球。

1. 正手击高远球

首先判断来球的方向和落点，侧身后退，使球在自己右肩稍前上方的位置，左肩对网，左脚在前，右脚在后，身体重心在右脚上。左臂屈肘自然高举，右手持拍，右臂自然弯曲，将球拍举在右肩上方，两眼注视来球。击球时，由准备动作开始，右上臂后引，肘关节随之上提且明显高于肩部，将球拍后引至头部右后方，自然伸腕（拳心朝上）；然后在右脚蹬地、转体和腰腹的协调用力下，以肩为轴，上臂带动前臂快速向前上方甩动手腕，在手臂伸直的最高点

正手击高远球

处击球。击球后，持拍手臂随惯性向前下方挥动并收拍至体前。与此同时，左脚后撤，右脚向前迈出，身体重心由右脚移到左脚上。（图9-2-6）

图 9-2-6

易犯错误：击球点选择不当，偏前或偏后都会影响击球用力；击球时，不是以肩为轴挥臂，而是以肘为轴，影响上臂发力，造成用力不当；击球时，不是以挥臂甩腕的爆发力把球击出，而是将球推出；击球后，不是随惯性朝前下方挥拍并收拍至体前，而是将球拍朝下；朝右后方挥动球拍，影响手臂的发力；击球时，全身用力不协调；等等。

2. 反手击高远球

首先准确判断对方来球的方向和落点，迅速将身体转向左后方。步法到位后，右脚向前交叉跨到左侧，背对球网，身体重心在右脚上，使球落向身体的右肩上方。击球前，由正手握拍迅速换为反手握拍，并持拍于胸前，拍面朝上。击球时，以上臂带动前臂，通过手腕的闪动将球击出。在最后用力

反手击高远球

时，要注意拇指的侧压力与甩腕的配合，同时还要利用两脚蹬地、转体等协调全身用力。（图9-2-7）

图 9-2-7

易犯错误：击球时未用拇指的侧压力，击球时用力过早或过迟。

3.头顶击高远球

击球前的准备姿势和击球动作与正手击高远球基本一致，不同的是，头顶击高远球的击球点在左肩上方（主要由于球是飞向左后角的）。准备击球时，侧身（左肩对网）并稍向左后仰。击球时，上臂带动前臂使球拍绕过头顶，从左上方向前加速挥动。在用力击球时，注意发挥手腕的爆发力，以及充分利用蹬地和收腹的力量。击球后，左脚在身后着地并立即回蹬，同时右脚前移，身体重心移至右脚上。

（二）击平高球

与击高远球一样，击平高球也可以用正手、反手或头顶击球技术来完成。其动作要领与正手、反手或头顶击高远球一样，不同之处是，击平高球最后用力的方向主要是前方，而不是前上方。平高球的弧线不高，若使用不当，就易被对方拦截，因此在实战中，不管用哪种方法击平高球都应注意：如果打直线平高球，则弧线可低些；若打斜线平高球，则弧线要高些；在对方在网前被动挑高球后，由于其调整回后场步法一般较慢，此时本方用较低弧线的平高球去袭击对方的后场，往往可以获得很好的效果。

（三）吊球

把对方击来的后场高球还击到对方的网前区的击球法叫作吊球。吊球的作用是通过调动对方站位，方便本方组织步法进攻。下面分别介绍正手吊球、反手吊球和头顶吊球的技术动作。

1.正手吊球

（1）劈吊（快吊）：击球的前期动作与正手击高远球相同。击球时，拍面正面向内倾斜，手腕做快速切削下压的动作（图9-2-8）。若劈吊斜线球，则球拍切削球托的右侧，并向左下方发力；若劈吊直线球，则拍面正对前方，向前下方切削。

正手吊球

图9-2-8

（2）轻吊（拦截吊）：击球前期动作与正手击高远球相同。击球时，一种轻吊的拍面变化与劈吊基本一致，但用力要更轻些；另一种轻吊的拍面正击球托或借助来球的反弹力用球拍轻挡，使球过网后贴网而下。后者多用于拦截对方击来的平高球和半场高球。

2. 反手吊球

反手吊球击球前的动作与反手击高远球基本一致，不同之处在于球拍触球时拍面的变化和对挥拍力量的运用（图 9-2-9）。吊直线球时，用球拍反面切削球托的后中部，向对方右网前发力；吊斜线球时，用球拍反面切削球托的左侧，向对方左网前发力。

反手吊球

图 9-2-9

3. 头顶吊球

头顶吊球可做劈吊或轻吊，其击球前的动作与头顶击高远球基本一样，不同的是球拍触球时拍面的变化和对挥拍力量的运用。头顶吊直线球的动作与正手吊直线球基本一致，只是击球点不同；头顶吊斜线球时，球拍正面向外转，切削球托的左侧，朝右前下方发力。

（四）杀球

把对方击来的高球全力向下扣压叫作杀球，它是主动进攻的重要技术。杀球的特点是力量大、速度快。杀球分为正手杀球、反手杀球和头顶杀球。

1. 正手杀球

正手杀球击球前的准备姿势和击球动作与正手击高远球基本一致，不同的是，正手杀球最后用力的方向朝下，并且要充分利用蹬地、转体、收腹及手臂和手腕的爆发力，全力地将球向下击出，击球的一刹那要紧握球拍。（图 9-2-10）

正手杀球

图 9-2-10

2. 反手杀球

反手杀球准备姿势和击球动作与反手击高远球一样，不同的是，反手杀球最后用力的方向朝下，而且要加快手臂和手腕朝下的闪动。击球点应尽可能高一些、向前一些，这样便于力量的发挥。

反手杀球虽然力量不大，但有突然性。一般在实战中，趁对方不备，本方偶尔用反手杀球也会收到出奇制胜的效果（由于反手杀球威胁不大，对方容易放松警惕）。

3. 头顶杀球

头顶杀球准备姿势和击球动作与头顶击高远球一样，不同的是，头顶杀球在击球时要充分利用腰腹力量，以上臂和前臂带动手腕快速下扣。头顶杀球是一种重要的进攻性技术，也是我国运动员在左后场区进攻的主要手段之一，它弥补了运动员反手击球力量不足的弱点。初学者如果能掌握好头顶扣杀技术，便会使对方难以应付。

头顶杀球

易犯错误：击球点过后或过低，影响手臂发力；击球前过分紧张、动作僵硬，不利于力量的发挥；挥臂时以肘为轴，影响上臂发力；击球时，手腕下甩不充分，造成杀球出界；等等。

五、前场网上击球技术

前场网上击球技术是调动对方、寻找时机的重要手段，并可直接得分。前场网上击球技术有搓球、放网前球、勾对角球、推球、扑球等。

（一）搓球

击球时，拍面稍前倾，利用手腕和手指的力量向前切削球托底部或向后提拉，使球被击出后旋转或滚动过网。一般在对方来球较靠近网上时，本方可运用搓球。正手、反手搓球除了握拍方法不同外，其他要领相同。

正手搓球

（二）放网前球

击球时，拍面稍朝前下方倾斜，前臂带动手腕和手指前送球托底部。正手、反手放网前球了除握拍方法不同外，其他要领相同。

反手放网前球

（三）勾对角球

在网前把来球回击到对角线网前为勾对角球。击球时，拍面斜向对方右（左）网前。正手勾对角球时击球托的右侧，手腕和手指带动球拍向左内勾动；反手勾对角球时击球托的左侧，同时向右内勾动。

（四）推球

在网上将来球用较平的弧线快速推到对方场区的端线附近为推球。击球时，拍面前倾，几乎与网平行。利用前臂带动手腕和手指快速闪动将球击出。正手推球多用食指的力量，反手推球多用拇指的力量。

反手推对角线球

（五）扑球

在网上把高于网的来球迅速扑压下去为扑球。击球时，拍面前倾，前臂带动手腕和手指快速闪动发力；击球后立即收拍，以免触网犯规。扑球时，要求运动员判断准、上步快、抢点高、动作小。正手、反手均可扑球。

正手扑球

六、中场平击球技术

中场平击球技术主要是用来对付对方击来的弧线平于或稍低于网且落点在中场附近的低平球时所采取的回击技术。在双打比赛中多采用这种技术，它的击球点在与肩同高处或在肩、腰之间。因为来球的速度较快、弧线较平，所以击出的球速也较快、弧线较平。因此，中场平击球也是一种对攻的技术。中场平击球包括正手（反手）中场平抽球和半蹲式中场平击球。

（一）正手（反手）中场平抽球

正手（反手）中场平抽球主要用来对付对方来球中离身体较远的平球。接球者站于中心线附近，两脚左右开立，面对球网，两膝微屈，右手持拍置于体前。击球时，准确判断来球后，向右（左）侧横跨一步，同时挥拍，依靠前臂和手腕的闪动发力击球。采用正手平抽球时，多用食指的力量向前发力；采用反手平抽球时，多用拇指的反压力朝前发力。此外，不论是正手还是反手，平抽球的击球点都应争取在身体侧前方，以便于手臂的发力。

正手平抽球

（二）半蹲式中场平击球

半蹲式中场平击球主要用于双打比赛，是进行对攻的一种击球技术，即击球者将对方击来的位于肩部或面部附近的球，以半蹲姿势还击回去。击球时，看准来球，迅速采取半蹲姿势，同时在正面或向头顶等位置举拍，以前臂带动手腕快速闪动、挥拍击球。

第三节 羽毛球基本战术

羽毛球基本战术是指运动员在比赛中为战胜对手而采取的策略和行动。在羽毛球比赛中，运动员要控制对方，力争主动，以己之长克彼之短，抑彼之长，避己之短，根据对方的特点，采取相应的技术手段战而胜之，这便是战术的意义。

我国羽毛球运动战术的指导思想是"以我为主""以快为主""以攻为主"，技术风格是"快、狠、准、活"。

一、羽毛球战术的目的

（一）调动对方位置

对方一般站在场地中心位置，全面照顾各个角落，以便回击各种来球。如果把对方调离中心位置，对方的场区就会出现空当，这一空当就成为本方下一拍进攻的目标。

（二）迫使对方击出中后场高球

以平高球、劈杀、劈吊、网前搓球等技术造成对方还击困难，迫使对方击来的高球不能到达本方场区的端线。这样一来，可增加本方大力扣杀和网前扑杀的威力，给对方以致命的一击。

（三）使对方身体重心失控

利用重复球或假动作打乱对方的步法，使对方的身体重心失去控制，使其来不及还击或延误击球时间导致回球质量差，造成对方被动。

（四）消耗对方体力

控制球的落点，最大限度地利用整个场地，把球击到场地的四个角上或离对方最远的地方，尽量使对方在每一次回球时消耗体力。此外，在争夺一球的得失时，也应以多拍调动对方，让对方多跑动，多做无效的杀球，以此来消耗对方的体力，为后程比赛奠定体能基础。

二、单打基本战术

（一）发球抢攻战术

由于发球不受对方干扰，发球者可以根据规则随心所欲地以任何方式将球发到对方接发球区的任意位置。善于利用多变的发球战术，先发制人，取得主动；以发平快球与网前球配合，争取创造第三拍主动进攻的机会。这就是发球抢攻战术。

（二）攻后场战术

采用重复打高远球或平高球的技术，压对方后场两点，迫使对方处于被动状态。一旦对方回球质量不高，本方便伺机杀球、吊球，一击制敌。

（三）逼反手战术

后场反手击球的进攻性不强，球路也较简单。运动员对后场反手击球能力较差的对方球员要毫不放松地加以攻击。先拉开对方位置，使对方反手区露出空当，然后把球打到反手区，迫使对方使用反手击球。例如，本方先吊球到对方正手网前，迫使对方挑高球，本方便以平高球攻击对方反手区。在重复攻击对方反手区、迫使其远离中心位置时，本方要突然吊对角网前球。

（四）四方球突击战术

本方以快速的平高球、吊球准确地打到对方场区的四个角落，迫使对方向前后左右奔跑。当对方来不及回中心位置或身体失去重心时，本方抓住其空当和弱点进行突击。

（五）吊、杀上网战术

本方先在后场以轻杀配合吊球将球下压，落点要选择在场地两边，使对方被动回球。当对方还击网前球时，本方便迅速上网搓球或勾对角快速平推球；若对方在网前挑高球，则本方可在其后退途中把球直接杀到其身上。

三、双打基本战术

（一）攻人（二打一）战术

攻人（二打一）战术是一种经常运用且行之有效的战术。当发现对方有一个人的防守能力或心理素质较差、失误率较高或防守时球路单调时，本方就可采用攻人战术，把球攻到较弱者的一边。攻人战术可集中优势兵力，以多打少，以优势打劣势，有利于本方获得主动权或得分；有利于打乱对方防守站位；有利于本方突击另一线而成功；有利于造成对方思想上的矛盾而使其互相埋怨，从而影响其士气。

（二）攻中路战术

不论对方把球打到什么位置，攻球的落点都应集中在对方两人之间的交叉区域，并靠近防守能力较差者一侧或在中线上。攻中路战术可以造成对方抢球或漏球，也可以限制对方挑出大角度的球路，有利于本方网前的封网。

（三）攻直线战术

攻直线战术即杀球路线和落点均为直线，没有固定的目标和对象，只依靠杀球的力量和落点的变化来得分的战术。当对方的来球靠近边线时，攻球的落点在边线上；当对方的来球在中间区域时，就朝中路进攻。杀直线球虽然难度高一些，但效果不错，便于网前同伴的封网。

（四）后攻前封战术

当本方取得主动攻势时，后场队员逢高球必杀，前场队员积极移动，封网扑打。

（五）防守反击战术

防守时，对方攻直线球，本方挑对角平高球；对方攻对角球，本方挑直线平高球，以达到调动对方移动的目的。本方可采用挡球或勾网前球的精巧网前技术迫使对方起球，创造后场进攻机会，以达到反守为攻的目的。

第四节　羽毛球竞赛规则简介

羽毛球竞赛规则

一、羽毛球场地标准

羽毛球场地是一个长方形，长 13.40 米，单打场地宽 5.18 米，双打场地宽 6.10 米。奥运会、青奥会、一类赛事，整个比赛场地净空高度至少 12 米；世界羽联批准的其他赛事，整个比赛场地净空高度至少 9 米。场地线的颜色应是白色、黄色或其他容易辨别的颜色。所有场地线的宽度均为 0.04 米，且都是它所确定区域的组成部分。

二、主要规则简介

（一）计分规则

（1）一场比赛应以三局两胜定胜负。

（2）除了（4）和（5）的情况外，先得 21 分的一方胜一局。

（3）对方违例或球触及对方场区内的地面成死球，则本方胜这一回合并得 1 分。

（4）当双方均为 20 分时，领先对方 2 分的一方赢得该局比赛。

（5）当双方均为 29 分时，先取得 30 分的一方赢得该局比赛。

（6）一局比赛的获胜方在下一局率先发球。

（二）间歇与交换场区规则

（1）在一局比赛中，当领先的一方达到 11 分时，双方有不超过 60 秒的间歇。

（2）在两局比赛间，双方有不超过 120 秒的间歇。

（3）出现以下情况时，运动员应交换场区：第一局结束；第二局结束（如果有第三局）；在第三局中，当领先的一方达到 11 分时。

（三）羽毛球单打和双打规则简介

1. 单打

（1）在一局比赛中，当发球方得分为 0 或双数时，双方在各自的右发球区进行发球或接发球；当发球方得分为单数时，双方在各自的左发球区进行发球或接发球。

（2）如果发球方取得 1 分，那么在下一回合，其应从另一发球区发球。

（3）如果接发球方取得 1 分，那么在下一回合，其应成为发球方。

2. 双打

（1）与单打一样，当发球方得分为 0 或双数时，发球方在右发球区进行发球；当发球方得分为单数时，发球方在左发球区进行发球。

（2）如果发球方取得 1 分，那么在下一回合，其继续发球，且发球人不变。

（3）如果接发球方取得 1 分，那么在下一回合，其成为发球方。

（4）当且仅当发球方得分时，发球方的两位选手交换左右半场。

▶ 第十章　网球运动

第一节　网球运动概述

一、网球运动的起源和发展

网球是一项优美而激烈的运动。网球运动的起源和发展可以这样来概括：孕育在法国，诞生在英国，开始普及和形成高潮在美国，现在盛行于全世界。

现代网球运动一般包括室内网球和室外网球两种形式。据传，网球运动起源于12—13世纪法国人在回廊里用手掌击球的一种游戏，后来这种游戏成为宫廷里的一种室内消遣娱乐活动。也有人认为，网球运动的起源应追溯到14—15世纪在法国民间流传的一种名叫海欧·德·巴乌麦的球类游戏。据说这种游戏是由两个人参加的，每人各执一个球拍，球场的周围筑有围墙，球撞到墙上后被弹回去，然后过网。无论是在场地和器具方面，还是在游戏方法方面，海鸥·德·巴乌麦游戏与现代网球运动都有许多相似之处，因此有人把它看作网球运动的最初形态。

一般认为，现代网球运动的历史是从1873年开始的。1873年，英国人沃尔特·克洛普顿·温菲尔德将早期的网球打法加以改进，使之成为一种在草坪上进行的夏季体育活动，并取名为"草地网球"，因此温菲尔德被称为"近代网球的创始人"。此后，网球便成为一项在室内、户外都能进行的体育项目，同时英国各地开始建立网球运动俱乐部。1875年，英国板球俱乐部制定了世界上第一部网球竞赛规则。1877年，英国板球俱乐部更名为全英板球和草地网球俱乐部，并于同年举办了全英草地网球男子单打锦标赛，即后来闻名于世的温布尔登网球锦标赛。1876年，一些地区的著名网球运动俱乐部派出代表一起研究和讨论决定制定一个全英统一的网球规则。经过多次协商，各方代表终于在网球运动的场地、设备、打法、比赛等方面达成了一致意见，并形成了一个统一的规则。大约在1878年以后，英国大多数网球俱乐部都逐渐按照新的规则开展活动。

1896年，在雅典举行的第1届现代奥运会上，网球运动的男子单打和男子双打被列为正式比赛项目。后来，由于国际奥委会和国际网球联合会在"业余运动员"问题上发生分歧，已经连续进行了七届的奥运会网球比赛项目被取消。直到1984年的洛杉矶奥运会，网球才被列为表演项目。1988 年的汉城（今首尔）奥运会，网球重新被列为正式比赛项目。

二、中国网球运动的发展

1885 年前后，网球运动传入中国。中华人民共和国成立后，网球运动在起点低、基础差、国际交流少的背景下逐渐发展。1953 年，在天津首次举行了包括网球在内的四项球类（篮球、排球、网球、羽毛球）运动会。1994 年，中国大学生体育协会网球分会（简称"大网协"）成立，标志着中国大学生网球运动的发展有了新的起点。大网协决定从 1994 年起每年举办一届全国大学生网球锦标赛。在 2004 年奥运会上，李婷、孙甜甜夺得女子网球双打冠军。在 2006 年澳大利亚网球公开赛上，郑洁、晏紫夺得女子双打冠军。2011 年法国网球公开赛上，李娜获得女子单打冠军，2014 年澳大利亚网球公开赛上，李娜获得女子单打冠军。至此，李娜成为亚洲第一位大满贯女子单打冠军得主，且为亚洲网球女单世界排名最高的选手。

第二节 网球基本技术

网球运动的基本技术包括握拍法、正手击球、反手击球、发球、接发球、截击球、高压球等。

一、握拍法

现代网球运动握拍方法有四种，大体可分为东方式握拍法、西方式握拍法、大陆式握拍法和双手反手握拍法。

（一）东方式握拍法

握拍时，球拍拍面与地面垂直，拇指与食指呈 V 形握在拍柄的中部。东方式握拍法像握手的姿势，因此也称其为握手式握拍法。（图 10-2-1）

东方式握拍法

（二）西方式握拍法

球拍拍面与地面平行，手掌从上面握住拍柄。（图 10-2-2）

西方式握拍法

（三）大陆式握拍法

球拍拍面与地面垂直，拇指与食指呈 V 形握在拍柄的中部，拇指与食指互相接触而不分开。大陆式握拍法如同手握着锤子，因此又被称为握锤式

大陆式握拍法

握拍法。（图 10-2-3）

图 10-2-1　　　　　图 10-2-2　　　　　图 10-2-3

（四）双手反手握拍法

双手反手握拍法是左手的东方式正手握拍加上右手的东方式反手握拍，右手握在拍柄后端，左手握在拍柄前端。双手反手握拍法用于反手击球。

二、正手击球

网球正手击球指的是在本人握拍手同侧的地方打落地球。正手击球是网球基本技术中常用的击球方法，是初学者最先学习的技术。正手击球由四个动作组成，即准备姿势、后摆引拍、前挥击球和随挥跟进。正手击球的动作特点为动作轨迹比较深长，击球有力，球速快。下面以右手握拍为例介绍正手击球的动作要领。（图 10-2-4）

正手击球

图 10-2-4

（一）准备姿势

面对球网，两脚自然分开，间距与肩同宽，两膝微屈，上体略向前倾，身体重心落在两脚前脚掌之间。右手握拍，左手轻托拍颈，两肘微屈，球拍自然地放在体前，拍面垂直于地面，拍头指向前方，两眼注视对方来球，做好击球准备。

（二）后摆引拍

当判断来球须用正拍回击时，转动两脚，左脚脚跟抬起并向右前方上步，右脚向右转90°、与底线平行，同时转肩、转髋带动右臂向后摆动引拍（此为关闭式步法，适用于初学者转体；另一种为开放式步法，左脚不必上步，两脚平行站立，但需要更多的向右转体动作）。引拍时，肘部弯曲、自然下垂，左臂伸向前方，保持身体平衡。后摆引拍时，拍头低于膝关节，身体重心移向右脚，左肩对着右侧的网柱，手腕固定，挥拍转动约180°，拍头指向后挡网。

（三）前挥击球

从后摆进至向前挥动时，紧握球拍，手腕后伸、固定，用力蹬脚，转动身体并挥拍。正手击球的击球点在身体的右侧前方且不超过腰的高度。击球时的挥拍速度最快，用拍面的中心触球。挥拍击球时，先自上而下地挥臂，再自下而上地击球，使球稍带上旋。

（四）随挥跟进

球触拍后，使拍面平行于网的时间尽量长些，球拍沿着球飞行的方向前送，身体重心前移并落在左脚上，身体也随之转向球网。挥拍动作在左肩上方结束，拍头指向下方且低于肩部。随挥跟进动作要比后摆动作的幅度大且用力充分，以保证击球的稳定性。随挥跟进结束后立即恢复成准备姿势，准备下一次击球。

三、反手击球

反手击球分为单手反手击球和双手反手击球。初学者一般先学习正手球再学习反手击球。反手击球的动作技术与正手击球相似，因此在掌握了正手击球技术后，再学习反手击球比较容易。下面以单手反手击球为例介绍反手击球的动作要领。反手击球动作技术由四个环节组成：准备姿势、后摆引拍、挥拍击球和随挥跟进。（图10-2-5）

反手击球

图 10-2-5

（一）准备姿势

面向球网，两脚分开，间距与肩同宽，屈膝，上体稍前倾，身体重心落在两脚前脚掌之间，左手扶住球拍拍颈，拍头指向前方，拍面与地面垂直，密切注视对方来球。

（二）后摆引拍

当判断对方来球朝反手方向飞来时，扶着拍颈的左手应迅速帮助右手变换为反手握拍，同时向左转肩、转髋带动球拍向左后方摆动。后摆时，肘关节自然弯曲，拍头稍翘起，指向后方。右脚向左前方上步，使右肩对着球网，身体重心移向左脚。反手击球的引拍动作应比正手击球的引拍完成得早，整个动作要连贯、协调，左手始终扶住拍颈。

（三）挥拍击球

由后向前上方挥拍。前挥时，手臂仍保持弯曲，直到随挥结束后才伸直。击球点在右脚左侧方向。击球时，球拍与右脚应在一条直线上，击球高度在膝与腰之间（比正手击球的击球点稍低）。击球时，手腕绷紧，拍面与地面保持垂直，击球的后中部，要有以手背击球的意识，借助转体和转肩的力量击球。

（四）随挥跟进

击球后，球拍沿着球飞行的方向向前、向上送，身体重心前移并落在右脚上。挥拍动作在右肩上方结束，拍面约与地面垂直，左手稍提起来以保持整个身体平衡。身体转向球网，恢复准备姿势。

四、发球

在网球比赛中，发球是比赛的开始，又可直接得分，因此发球通常被认为是最重要的网球技术。发球动作技术包括握拍、站位、向后引拍和抛球、击球、随挥动作。（图10-2-6）

发球

图 10-2-6

（一）握拍

初学者可采用东方式正手握拍法。有一定技术基础的初学者可采用大陆式握拍法。

（二）站位

两脚开立，间距与肩同宽，在底线后侧身站立，右脚与底线基本平行。左脚正对右网柱（与底线夹角为45°），手腕和手臂放松，右手于身体前方握拍，左手握球并在拍颈处托住球拍，两脚脚尖的连线对着发球方向。

（三）向后引拍和抛球

两臂一同向下和向上运动，球从伸展的左手中被向上垂直抛出，位置在身体左前方。持拍手在向后拉拍时掌心朝下，身体重心平稳地向前脚移动。抛球的高度应能满足击球手臂的充分伸展，并使运动员感到击球动作舒适。

（四）击球

抛球后，身体开始向左前方转动，持拍手臂在身后做环绕动作，最后向前挥动击球。运动员必须尽力伸展身体，在最高点击球，击球点应在身体的右前上方。击球时，身体重心随身体的转动而转移，以达到右脚脚掌正对后挡网为准，球拍的颈部与左脚脚跟在一条直线上。

（五）随挥动作

球拍挥动路线呈弧形，随挥动作在身体左侧结束，身体重心完全落在左脚上，右脚脚尖指向后挡网。

五、接发球

接发球技术是网球技术中极难掌握且又极为重要的技术之一。接发球方在一定程度上必须接受发球方的支配，必须在瞬间精准、迅速地判断来球并回击。不仅如此，接发球方也不能仅指望对方失误送分，必须有主动破坏对方防线、阻止对方攻势的意识和办法。

六、截击球

截击球是指在对方的回球落地之前就将其打回对方场地的击球，通常是在判断对方回球方向的基础上，移动到接近球网的位置进行回球，一般朝向对方很难触及的方向。截击技术在双打中非常重要，对制胜起着关键作用。截击球动作要领：小幅度后摆球拍，拍头和两眼同来球保持在同一水平面上，

截击球

在体前击球。（图 10-2-7）

图 10-2-7

七、高压球

运动员用头顶高压球来反击空中球或落地后的挑高球。高压球动作与发球动作相似，但后摆准备动作幅度要比发球小。高压球比发球难打，原因是判断挑高球要比自己抛球难得多，但两种技术的基本击球方法非常相似。高压球动作要领：用短促的垫步向后退，同时侧身，持拍手臂上举至头部高度，向后引拍，身体重心在两脚前脚掌之间，后腿弯曲，随时准备扣杀；准

高压球

备击球时，非持拍手臂上举指向来球的方向，与发球时准备击球的动作一样，击球点在右眼前上方；近网高压球的击球点可偏前，以便于下扣动作的完成，远网后场高压球的击球点可稍靠后些，击球时向前下方挥击，以防下网。击球后的随挥动作尽量像发球那样完整，如需起跳则要保持身体平衡。（图 10-2-8）

图 10-2-8

第三节 网球基本战术

一、网球单打战术

网球单打战术一般分为发球战术、接发球战术、上网战术、底线战术、底线与上网结合战术。

（一）发球战术

发球不受对方支配，运动员可凭借力量、速度、准确性等方面的优势达到得分目的；针对对方弱点攻其薄弱环节；利用不同的发球方式随球上网截击；运用相似手法发不同性能的球，使对方捉摸不透；利用外界自然条件（如风向、阳光、硬地、草地等）发球，给对方接发球制造困难。

1. 发球站位

本方发第一区时，站位尽量接近中线，发直线球逼住对方反拍；本方发第二区时，站位可距中线稍远，便于以更大斜线发到对方反拍区，扩大自己正拍的防守区域。

2. 第一次发球

第一次发球多用大力平击发球，使对方接发球出现失误；或用切削发球、上旋发球打落点，发至对方防守较差的区域。

3. 第二次发球

第二次发球重点在于准确，力求凶狠，打落点多用切削发球或上旋发球。

4. 发球后上网

发球后上网通常分为大力平击发球和上旋发球后上网。大力平击发球后，对方回球快，而本方身体不易掌握平衡，常来不及上网，故利用上旋发球上网居多。

（二）接发球战术

接发球方一般处于被动地位，但若处理得好则可减少被动，甚至化被动为主动。

1. 接发球站位

接发球方一般站在对方可能把球发到的角度的分角线中点上。当对方发向外或向内旋转的球时，要适当靠近旋转方向。此外，接发球方应尽量站在距底线 0.5 米左右处，压制对方，自己上网。

2. 接发球击球

接发球击球一般采用平击抽球，将球回击到对方底线两角；也可运用旋转使球旋向两条边线，使对方左右奔跑；或运用切削球打到近网两角，或运用挑高球挑过发球上网者的头顶等。

（三）上网战术

上网战术是指运动员在发球或接发球后，迅速冲到离网较近的位置，不等对方回击的球落地便进行空中截击或高压击球。

1. 上网时机

上网战术多用于第一次发球。发上旋球后，借球在空中飞行时间长、对方难以回击之机上网截击。若抽击球后上网，则出球路线要斜、要深、要重，或接近中央地带。

2. 上网站位

运动员应尽可能站到距网约2米处。近网则进攻威胁力大，封网角度小，防守控制面积大。此时，站位应在对方可能的击球角度的分角线上。

（四）底线战术

底线战术以进攻型打法为前提，凭借速度、力量、精准度等方面的优势战胜对方，使看似用来防守的打法具有攻击性。常用的底线战术有逼右攻左、逼左攻右，攻击对方弱点，打对方不擅长的球等。

（五）底线与上网结合战术

（1）底线正拍、反拍必须具有进攻性和威胁性。

（2）运动员应用凶狠的抽击球（如上旋球）拉开对方，及时上网。

（3）运动员应具有较好的预测能力、判断能力，击球要果断、有力，并随之上网。

（4）运动员运用底线抽击球在角度斜、落点深、球速快的情况下使对方被动，紧跟着上步做抽杀。

（5）运动员既要考虑积极上网，又要提防对方的破网打法。

（6）上网击球主要采取截击球和高压球，此时还要熟练掌握反弹球，以控制落点为主，应付被动情况，争取第二次截击。

二、网球双打战术

网球双打比赛的站位，一般是擅长正拍的选手站右边，擅长反拍的选手站左边，理想的情况是一人右手握拍，另一人左手握拍。双打有其特定的战术，不能用单打战术代替。

（一）发球战术

1. 发球站位

发球者站在底线后面、中线与单打边线的中间位置，比单打站位稍靠边线。这样可确保另一边有同伴防守，同时可使发出的斜线球的角度更大。

2. 第一发球

第一发球应大力、凶狠、准确，掌握上网主动权。第一发球常以大力上旋球发对方反手区，压制其进攻力量和回击角度；也可用大力平击发球，迫使对方回击高球，以便上网扣杀。

3. 同伴站位

同伴站在距网 2～3 米、距边线 3 米左右处，防守半边场区，并伺机截击球或高压击球。

（二）接发球战术

1. 接发球站位

接发球方站在发球方可能把球发到的角度的分角线上。

2. 回击方法

平击、切削、旋转三种方法交替运用，使对方捉摸不定。球要过网低、角度斜、落点深，以压制对方上网，利用时机自己上网。

3. 同伴站位

同伴站在发球线附近，比发球队员站得稍靠后一些，随时注意场上的变化。

（三）网前比赛战术

当四人均上网时，要求运动员反应灵敏、动作迅速，有较高的技术水平。

1. 站位

上网位置在距网 2～3 米处，两人各站半场中间稍靠中线位置，这样的站位便于进退和防中间球。

2. 同伴之间的配合原则

当来球在两人之间时，由正拍击球者回击；当来球在两人之间且是斜线球时，由距离近的运动员迎击；当挑高球在两人之间时，由正拍击球者进行高压击球；当对方接发球回击过来的是中场球时，由上网运动员争取截击，发球运动员随时准备补漏；当情况复杂时，通过呼叫"我的""你的"互相照应；当上网运动员左右移动时，位于底线的同伴要移动补位。

3. 灵活机动地改变战术

比赛中要分析双方情况，制定战术，以己之长攻彼之短，灵活机动地改变战术，出奇制胜。

（四）底线比赛战术

双打运动员应争取机会上网，一旦被压在底线，就只能考虑先防守再伺机反攻或诱使对方失误。本方可用挑高球回击对方短而低的球，或打平直球快速穿过对方中央场区，或运用侧旋直线球打对方两侧。

第四节　网球竞赛规则简介

网球竞赛规则

一、场地和器材

（一）球场

网球场地为长方形，长度为 23.77 米，单打比赛场地的宽度为 8.23 米，双打比赛场地的宽度为 10.97 米。场地由一条挂在网绳或金属绳上的球网从中间分开。

（二）球网

网绳或金属绳的最大直径为 0.8 厘米，网的两端应附着或绕在两个网柱上，每侧网柱的中心应距单打场地的外沿 0.914 米，网柱的高度和网绳或金属绳顶端距地面的垂直距离均为 1.07 米。球网中心的高度应该是 0.914 米，并且用宽度不超过 5 厘米的完全是白色的中心带向下绷紧固定。球网上端的网绳或金属绳要用一条白色的网带包裹住。

（三）球场线

球场两端的界线叫底线，两边的界线叫边线。在距离球网两侧 6.4 米的地方各画一条与球网平行的线，这两条线被称为发球线。每一条底线都被一条长 10 厘米、宽 5 厘米的中心标志分为相等的两个部分，该中心标志为中点。除了底线的最大宽度可以为 10 厘米以外，场上其他线的宽度为 2.5～5 厘米。所有的测量都应以线的外沿为准。每条底线后应留有不小于 6.4 米的余地，每条边线外应留有不小于 3.66 米的余地。

（四）永久固定物

网球场地上的永久固定物不仅包括后挡板、侧挡板、观众、观众看台和座位、场地周围和上方的所有其他固定物，还包括处于各自规定位置的主裁判、司线员、司网裁判和球童。

在使用双打球网和单打支柱的场地上进行单打比赛时，网柱、单打支柱外侧的球网部分属于永久固定物，而不能视其为网柱或球网的一部分。

二、发球

（一）发球前的规定

发球员在发球前必须静止站在底线后，两脚位于中心标志的假定延长线与边线的假定延长线之间的区域里，用手将球向空中任何方向抛起；在球接触地面以前，用球拍击球（仅能用一只手的运动员，可用球拍将球抛起）。在球拍击到球或未能击到球的那一刻，整个发球动作即被认为已经完成。如果发球员向上抛球后又决定不击球而将球接住，不应算作失误。

（二）发球时的规定

发球员在整个发球动作中，不得通过行走或跑动改变原来所站的位置，两脚只准站在规定位置上，不得触及其他区域。

（三）发球程序

（1）每局开始后，先从右侧半区发球，得1分或失1分后，应换到左侧半区发球。

（2）发出的球应当越过球网，在接发球员回球之前落到对角方向的发球区内，或其周围的线上。

（四）发球失误

以下情况为发球失误：发球员试图击球时未击中球；发出的球在落地前触及永久固定物、单打支柱或网柱；违反发球站位规定；发出的球触到了发球员或发球员的搭档，或其所穿戴的或携带的任何物品。

发球员第一次发球失误后，应立即从同一半区再发一次，除非第一发球是从错误的半区发出的。

（五）重新发球

发出的球触到了球网、中心带或网带后，仍然落到有效发球区内；球发出时，接发球员未做好接发球准备。以上情况均应重发球。

（六）发球次序

在常规局结束后，该局的接发球员成为下一局的发球员，该局的发球员成为下一局的接发球员。以后每局结束，均依次互相交换，直至比赛结束。

三、通则

（一）交换场地

运动员应在每盘的第一、第三、第五等单数局结束后，以及每盘结束双方局数之和为单数时，交换场地。在平局决胜局中，运动员应在每6分后交换场地。

（二）失分

发生下列任何一种情况，均判失分。

（1）在活球状态下，运动员在球连续两次落地前未能击球。

（2）在活球状态下，运动员回击的球触及对方场区界线以外的地面或在落地前碰到对方场区界线以外的其他物体。

（3）接发球员在发球没有落地前击球。

（4）运动员故意用球拍触球超过1次。

（5）在活球状态下的任何时候，运动员或他的球拍（无论球拍是否在他手中），或他穿戴的或携带的任何物品触及球网、网柱/单打支柱、网绳或金属绳、中心带或网带，或对手场地。

（6）运动员在球过网前击球。

（7）在活球状态下，球触到了运动员的球拍，但球拍不在他的手中。

（8）发球员连续两次发球失误。

（9）在活球状态下，除了运动员手中的球拍以外，球触及运动员的身体或他穿戴的或携带的任何物品。

（10）在活球状态下，运动员故意并实质性地改变了球拍的形状。

（11）在双打比赛中，同队的两名运动员在回球时都触到了球。

（三）压线球

如果球压线，则这个球被认为是落在以该线作为界线的场地之内。

四、双打

（一）双打发球次序

每盘第一局开始前，由发球方决定由何人首先发球，对方则同样地在第二局开始前，决定由何人首先发球。在第三局，由第一局发球员的搭档发球；在第四局，由第二局发球员的搭档发球。以下各局均按此顺序发球。

（二）双打接发球次序

先接发球的一方应在第一局开始前，决定由何人接第一分发球。对方同样应在第二局开始前，决定由何人接第一分发球。接第一分发球的运动员的搭档应当接本局的第二分发球。

五、计分

（一）胜一局

（1）每胜 1 球得 1 分计为 15，先胜 4 分者胜 1 局。

（2）双方各得 3 分时为平分，计为 40∶40；平分后，一方先得 1 分时为"占先"，"占先"后再得 1 分，即净胜 2 分为胜 1 局。

（二）胜一盘

（1）长盘制：一方先胜 6 局并净胜对手两局为胜 1 盘。

（2）平局决胜局制：如果局分达到 6∶6，则须进行平局决胜局。

第十一章　跆拳道

第一节　跆拳道概述

跆拳道的"跆"字，意为以脚踢；"拳"字意为以拳头击打；"道"字意为正确的道路和技艺方法。跆拳道意为使用手脚的方法和原理。目前，跆拳道在世界上开展得非常广泛，并从第27届奥运会开始成为正式比赛项目。虽然我国开展跆拳道运动仅二十余年，但其发展速度很快，且深受青少年的喜爱。跆拳道运动的特点是以腿法为主，拳脚并用，发力快而狠，并辅以发声助威，给自己增强斗志。跆拳道具有很高的竞技性和观赏价值。跆拳道注重"礼"，强调"以礼始，以礼终"的武道精神，任何练习者在不同的场合都要鞠躬行礼。练习跆拳道能增强人的身体力量，使身体素质全面发展，培养人无畏坚毅的意志品质。

为了正确评价跆拳道练习者的技术、人格、耐性、勇气、诚信等各方面的素质，跆拳道分为10级和9段。初级选手从10级开始依次往上到1级；高级选手从最低的1段开始依次往上到9段。1～3段为学习阶段，4～6段为步入行家阶段，从7段开始为精通跆拳道技术和精神阶段。腰带的不同颜色用来区别跆拳道练习者的级别。

10级为白带：表示空白，没有跆拳道知识，意味着入门阶段。

9级为白带加黄杠：表示练习者介于白带与黄带之间的水平，意味着初步接触，开始入门。

8级为黄带：表示大地，寓意草木在大地生根发芽，意味着练习者进入学习基础阶段。

7级为黄带加绿杠：表示练习者介于黄带与绿带之间的水平，其技术在不断提高。

6级为绿带：表示草木在成长，意味着练习者进入技术的进步阶段。

5级为绿带加蓝杠：表示由绿带向蓝带的过渡，练习者的水平处于绿带与蓝带之间。

4级为蓝带：表示蓝天，寓意草木向着蓝天茁壮成长，意味着练习者的技术达到相当高的水平。

3级为蓝带加红杠：表示练习者的水平比蓝带略高，比红带略低，介于蓝带与红带之间。

2级为红带：表示危险，说明练习者已具备一定程度的威力，应克制自我并以此色告诫对手。

1级为红带加黑杠：表示经过长时间系统的训练，练习者已修完1级以前的全部课程，开始由红带向黑带过渡。

黑带：表示相较于白带练习者，黑带练习者的技术已经熟练，黑色表示练习者在黑暗中也能发挥自身能力。

区别跆拳道的段位要看道服和肩章：1～3段的道服衣边有黑色带条，4段以上的道服的衣袖和裤腿两边有黑色带条。根据道服上的肩章和腰带上的罗马数字Ⅰ～Ⅸ可区别段位和级别。

第二节 跆拳道基本技术

一、实战姿势和基本站位

标准实战姿势

（一）实战姿势

以左势为例（左脚在前为左势，右脚在前为右势）。两脚开立，间距与肩同宽，两脚约成35°角。两手握拳，左拳在前，右拳在后。左臂弯曲，肘关节夹角为80°～100°，左拳与鼻同高；右臂弯曲，肘关节夹角小于80°，且靠近右侧肋部，身体重心在两脚之间，两手紧护躯干以上部位。要求气下沉，紧腰，收腹，含胸。（图11-2-1）

（二）基本站位

基本站位一般有开式站位和闭式站位。

1. 开式站位

开式站位是指双方的体前相对应的站位，即本方的身体前侧对应对方的身体前侧，包括左势对右势和右势对左势两种站位形式。（图11-2-2）

2. 闭式站位

闭式站位是指双方的体前不相对应的站位，即本方的身体前侧对应对方的身体后侧，包括左势对左势和右势对右势两种站位形式。（图11-2-3）

图11-2-1　　　　　　　　　图11-2-2　　　　　　　　　图11-2-3

二、基本步型

（一）开立步

两脚开立，间距与肩同宽，身体自然直立，两膝微屈，两脚脚尖正对前方，两手握拳置于体侧。（图 11-2-4）

（二）马步

两脚开立，距离比肩宽，两脚平行或略外展，挺胸直背，两腿屈膝半蹲，身体重心落在两脚之间。（图 11-2-5）

图 11-2-4　　　　图 11-2-5

（三）弓步

弓步又称前屈立。两脚前后分立，相距一步半，前腿屈膝，后腿伸直，前腿的大腿与小腿成 90°，且小腿垂直于地面，身体重心落在前脚上。左脚在前为左弓步（图 11-2-6），右脚在前为右弓步。

（四）前探步

前探步又称高前屈立，如走路姿势。两脚之间距离小于弓步，身体重心落在两脚之间。左脚在前为左前探步，右脚在前为右前探步（图 11-2-7）。

（五）虚步

两膝微屈，前脚脚掌虚点地，身体重心落在后脚上。左脚在前为左虚步（图 11-2-8），右脚在前为右虚步。

（六）交叉步

一只脚向另一只脚的前侧（前交叉步）或后侧（后交叉步）落步，两腿屈膝交叉。（图 11-2-9）

（七）并步

两腿直立，脚内侧相靠，两手握拳自然垂于体侧。（图11-2-10）

图11-2-6　　图11-2-7　　图11-2-8　　图11-2-9　　图11-2-10

三、基本步法

跆拳道基本步法

（一）前进步

前进步主要包括前滑步和前跃步，是主动进攻时常采用的步法，也常用于假动作。以标准实战姿势开始，前进时，后脚蹬地，前脚先向前方滑出一步，后脚迅速跟上一步，称为前滑步（图11-2-11）；后脚蹬地，两脚向前跳跃，称为前跃步。在做滑步和跃步时，身体重心不要起伏过大，尽量保持身体重心的平稳移动。

（二）后退步

后退步包括后跃步和后滑步。以标准实战姿势开始，前脚用力蹬地，两脚向后跃起退后一步，称为后跃步（图11-2-12）。若前脚蹬地后，后脚后移一步，前脚随即向后移动一步，身体仍保持原来的姿势，称为后滑步（图11-2-13）。应用此步法，可以拉开与对方的距离，避开对方的进攻或准备反击。

图11-2-11　　　　　　图11-2-12　　　　　　图11-2-13

（三）后撤步

以标准实战姿势开始，以后脚前脚掌为轴，前脚抬起，经后脚内侧向后撤一步，形成与原来相反的实战姿势（图 11-2-14）。后撤步可根据实战需要左右变化，调整与对方的相对距离，准备进行攻击或反击。

（四）侧移步

以标准实战姿势开始，左（右）脚前脚掌蹬地，右（左）脚向右（左）侧移步，左（右）脚随即跟上，使身体向右（左）侧移动，离开原来的位置。向左移称为左移步（图 11-2-15），向右移称为右移步。侧移步的作用是避开对方的有力攻击，移动到对方的侧面，准备进行反击。

图 11-2-14   图 11-2-15

（五）跳换步

以标准实战姿势开始，两脚同时蹬地使身体腾空，两脚在空中前后交换，同时转体；落地时，身体姿势成与原来相反的实战姿势（图 11-2-16）。跳换步的腾空不宜过高，略离地即可；换步时要拧腰转髋，迅速敏捷，其目的是干扰对方的攻防思路，选择适宜本方进攻的方位，躲避身体的得分部位，使对方不能得分，同时争取反击的空间和时间，以便马上转入进攻。

（六）弧形步

以标准实战姿势开始，前脚的前脚掌原地蹬碾地面，后脚同时向左（右）蹬地后向右（左）跨移一脚，成与原来方向不同的实战姿势。向左跨为左弧形步或左环绕步，向右跨步为右弧形步或右环绕步（图 11-2-17）。

图 11-2-16   图 11-2-17

（七）上步

上步是为了调整与对方的距离，为进攻和反击做准备。以左势实战姿势开始，以左脚前脚掌为轴，右脚上前一步，同时转体，成右势实战姿势。（图 11-2-18）

（八）垫步

垫步主要有两种，即前垫步和后垫步。前垫步动作如下：以左势实战姿势开始，右脚向左脚内侧靠拢，左脚随即向前迈步（图 11-2-19）。后垫步动作与之相反。垫步的动作要求为快捷、连贯，迅速接近或远离对方。

图 11-2-18　　　　　　图 11-2-19

（九）组合步

组合步是指各种步法的组合。实际上，在跆拳道的实战过程中，步法都是有意或无意地组合起来综合运用的。运用步法的目的是调整距离，使自己的动作更加快速灵活，进而达到进退自如、控制节奏、有效攻击和有效防守的目的。步法的组合应根据实际情况的变化而改变，把攻击和反击的技术与步法紧密结合起来，做到在移动中进攻、在移动中防守、在移动中反击，使步法的运用与拳法、腿法融为一体，从而达到取得实战胜利的目的。

四、基本进攻技术

拳法

（一）拳法

拳法是跆拳道实战中最基本且又非常重要的技术。运用拳法时，拳必须握紧，动作发力要迅猛、短促，完成击打动作后要立即收回。在拳击出的过程中，手臂要内旋，拳击至最远端时，手臂伸直，拳心向下（图 11-2-20），击打目标后放松收回。

1. 冲拳

两脚开立，间距与肩同宽，两手握拳收于腰间，拳心朝上。左脚向前上步，成左弓步；同时，右臂从腰间由屈到伸，臂内旋向前平冲，用拳面击打对方的身体（图 11-2-21）。除了前冲拳外，还有侧冲拳、后冲拳。冲拳通常用于对面部、下颌做上盘攻击，对胸部、腹部做中盘攻击，对下腹部、下肋部做下盘攻击。

2. 抄拳

左脚上前一步，同时左手前伸抓住对方的衣襟，右手握拳收于腰间。两脚不动，身体重心前移，成左弓步；同时左手回拉，右拳从腰间由下向上击打对方的下颌。（图 11-2-22）

图 11-2-20　　　　图 11-2-21　　　　　　　　图 11-2-22

3. 弹拳

两脚开立，身体右转；两手握拳，两臂屈肘置于腹前，右拳在外，左拳在内，拳心均朝下。上体左转，同时左臂屈肘提至胸前，以肘关节为轴使左拳由下颌向前弹击，力达拳背（图 11-2-23）。弹拳通常被用于攻击对方的人中穴或面部。

4. 鞭拳

两脚前后开立，右手握拳，右臂屈肘上提至与肩同高，右拳置于右肩前方，拳心向下；左手握拳收于腰间；右臂以肘关节为轴，由里向外用拳背鞭打对方的面部或胸部（图 11-2-24）。鞭拳通常被用于攻击对方的面部或胸部。

图 11-2-23　　　　　　　　图 11-2-24

5. 劈拳

两脚开立，左手握拳收于腰间，拳心朝内，右臂屈肘，右拳收于右肩内侧且与肩同高。右臂由上向下、向右直臂抢劈，用拳轮劈击对方的头部、颈部或胸部。（图 11-2-25）

6. 截拳

两脚开立，身体微右转；两手握拳收于腹前。左脚向前上步，成左弓步；同时，右臂以肘关节为轴，向前内旋，用拳轮横击对方的面部、胸部或肋部。（图 11-2-26）

图 11-2-25　　　　　　　　　　图 11-2-26

（二）掌法

掌法（图 11-2-27）在跆拳道实战中是比较常见的，虽然正式的跆拳道比赛不准使用掌法，但是掌法在跆拳道品势练习、实战格斗及防身自卫中，具有非同寻常的攻击效果，练好掌法对增强实战格斗和防身自卫能力有着重大的意义。

1. 砍掌

两脚开立，间距与肩同宽；屈臂，两手握拳置于腹前，拳心向内。右脚向前上步，成右弓步；同时左臂由屈到伸向前横砍，掌心朝上（图 11-2-28）。砍掌分为仰掌砍击和俯掌砍击。

2. 插掌

两脚开立，间距与肩同宽；屈臂，两手握拳置于腹前，拳心向内。右脚向前上步，成右弓步；同时左拳变掌，掌指朝前，左臂从腰间由屈到伸向前插击，用掌指末端插击对方的腹部（图 11-2-29）。插掌可分为立插掌和平插掌。

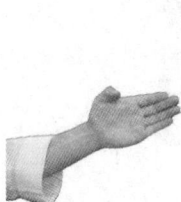  

图 11-2-27　　　　　　图 11-2-28　　　　　　图 11-2-29

3. 掌根推击

两脚开立，间距与肩同宽；屈臂，两手握拳置于腹前，拳心向内。左脚向前上步，同时右手成掌，伸腕，由腰间向前上方推出，力达掌根，用掌根击打对方的下颌。（图 11-2-30）

（三）肘法

肘关节击打的力度很大，尤其是在贴身的近距离攻击中，肘法（图 11-2-31）的威力能得到更加充分的发挥，给对方以强有力的打击。因为肘关节的前后左右部位都可以使用，所以肘部的进攻动作可以向多个不同的方向击出。

1. 顶肘

两脚开立，间距与肩同宽；屈臂，两手握拳置于腹前，拳心向内；左脚向前迈出一步，成左弓步；同时左臂屈肘上提至与肩同高，左拳置于胸前，拳心向下；右拳变掌提到胸前，用右掌推动左拳。以左肩关节为轴，左肘关节以肘尖领先，向前顶击（图11-2-32）。攻击的主要部位是头面部、胸部、腹部、肋部。

图 11-2-30　　　　　　　　图 11-2-31　　　　　　　　图 11-2-32

2. 挑肘

两脚开立，间距与肩同宽；屈臂，两手握拳置于腹前，拳心向内；左脚向前迈一步，成左弓步；同时右拳自腰间上举，右肘关节弯曲收紧，肘尖由下向上挑起（图11-2-33）。另外，挑肘动作也可用左肘完成，只是方向相反。攻击的主要部位有下颌和腹部。挑肘时要拧腰顺肩，以增加挑肘的距离和力量。

3. 摆肘

两脚开立，间距与肩同宽；屈臂，两手握拳置于腹前，拳心向内；右脚向前上步，成右弓步；同时，左臂以肘尖领先由外向里弧形摆动，用肘部横击对方的腹部（图11-2-34）。击肘时要尽量将身体重量作用于肘部，以增加击肘的力量。

4. 砸肘

两脚开立，间距与肩同宽；屈臂，两手握拳置于腹前，拳心向内；右脚向前上步，成右弓步；同时，左臂以肩关节为轴屈肘上举；当左拳靠近耳侧时，肘抬至水平以上，随即左肘用力下砸（图11-2-35）。左、右肘砸肘动作方法相同，只是方向相反。

图 11-2-33　　　　　　　　图 11-2-34　　　　　　　　图 11-2-35

（四）膝法

膝关节是跆拳道实战格斗中用于近距离攻击对方的主要武器之一，是人体关节中极具力量的一个关节，且使用方法简单。膝法（图11-2-36）主要分为顶膝和撞膝。

1. 顶膝

以实战姿势开始，右脚向前迈半步，成右弓步，同时两手自腰间前举，由拳变掌后，抓对方的肩部或衣襟；随即两手用力向下压拉对方的肩部或衣襟，同时提左膝向上顶击（图11-2-37）。顶膝可攻击的部位主要有腹部、裆部、头面部。顶膝时，两手的下压、下拉用力与提膝上顶的用力应协调，形成合力顶击对方。

2. 撞膝

以实战姿势开始，两拳抱于腹前，以右脚脚掌为轴碾地，身体右转，同时左腿屈膝上提，由左下向右上侧用膝关节撞击（图11-2-38）。撞膝可攻击的部位主要是腹部和两肋部。做动作时，提膝、转体、撞膝的动作应连续、协调，形成加速撞钟式的动作，以提高杀伤力。

图 11-2-36　　　　　　　图 11-2-37　　　　　　　图 11-2-38

（五）腿法

在跆拳道实战中，脚踢进攻一般使用的部位包括前脚脚掌、脚趾、脚背、脚跟、脚掌。利用这些部位可以进行站立踢、跳动踢、助跑踢、转身踢、飞踢等不同形式的踢法进攻，每种踢法所踢击的部位各有不同。在实战过程中，要根据具体情况，如对方所处的位置、暴露的部位、防守的姿势、双方的距离等选择不同的踢法。以下主要介绍前踢、侧踢、后踢、下劈、摆踢、横踢等腿法。

1. 前踢

以左势实战姿势开始，右脚蹬地，髋关节向左旋转，两手握拳置于体侧；同时，右腿以髋关节为轴屈膝上提；当大腿抬至水平或稍高位置时，髋关节前送，将腿弯曲举起，并把膝关节抬到胸前，待脚的位置与目标成一条直线后，再以膝关节为轴发力踢击（图11-2-39）。大、小腿夹紧，小腿要放松、有弹性，髋关节往前送；高踢时，髋关节往上送；小腿回收与前踢的速度一样快。前踢动作的主要攻击部位有面部、下颌、腹部、裆部，也可以用前踢的动作进行防守。

前踢

2. 侧踢

以右势实战姿势开始，左脚蹬地，左腿以膝关节为轴屈膝提起，两手握拳置于体侧。右脚以前脚脚掌为轴外旋180°，髋关节向右转，左腿以膝关节为轴向前蹬伸，左脚快速向右前上方直线踢出，力点在脚跟（图11-2-40）。发力后沿起腿路线收腿、放松，下落（原处或向前均可），再次回到实战姿势。起腿时，大、小腿夹紧；踢出发力时，头部、肩部、腰部、髋部、膝部、腿部和踝部在一条直线上；直线踢

侧踢

出，沿原路线收回。侧踢动作的主要攻击部位有膝部、腹部、肋部、胸部和头面部。

图11-2-39　　　　　　　　　　　　　　　　图11-2-40

3. 后踢

以左势实战姿势开始，以左脚脚掌为轴旋转180°，转身提膝，大、小腿折叠，勾脚背，向后上方蹬踹，力达脚后跟，落腿后，成右势实战姿势（图11-2-41）。在做动作过程中，注意身体重心的掌握；蹬踹时，身体充分伸展，动作要快速有力。

图 11-2-41

4. 下劈

以左势实战姿势开始，以左脚脚掌为轴，脚跟内旋，右腿屈膝提起，右脚高举过头，脚背稍绷直，到达最高点时快速下压，力达脚掌或脚跟，脚自然落下，成右势实战姿势。（图 11-2-42）

5. 摆踢

以右势实战姿势开始，左脚蹬地，左腿屈膝提起，右脚以脚掌为轴外旋180°，左腿向右前方伸出，用力向左侧水平鞭打，而后往前落下，成左势基本姿势。（图 11-2-43）

图 11-2-42　　　　　　　　　　　　　　　图 11-2-43

6. 横踢

以左势实战姿势开始，以左脚脚掌为轴向外旋转180°，右腿向前提膝，大、小腿折叠，脚背绷平，然后翻胯，使身体形成一个平面，右脚向前上方踢出，着力点在脚背，收

腿落地，成右势实战姿势。（图11-2-44）

图 11-2-44

第三节 跆拳道基本战术

一、技术战术

技术战术是利用技术全面、熟练、有效的优势，发挥自己擅长的技术，掌握比赛的主动权，压制对方，达到战胜对方的目的。

二、假动作或假象战术

运动员用逼真的假动作或假象欺骗对方，引其上当，分散其注意力，使其露出破绽，再利用这个机会猛烈攻击对方而得分。

三、心理战术

比赛开始前，运动员利用情绪、动作、表情等威慑对方，在比赛中用气势压倒对方，或利用规则允许的各种手段干扰对方情绪，给对方造成心理负担，使对方的技战术发挥失常，达到挫减对方锐气、发挥本方优势的目的，从而在气势上战胜对方。

四、破坏战术

运动员使用重招使对方先失去正常比赛的能力；或破坏对方的技术，控制其动作的发挥，使对方进攻无效且消耗体力、丧失信心，从而战胜对方。

五、防守反击战术

运动员利用防守技术良好的优势，在防守的基础上利用反击技术打击对方。

六、体力战术

对于耐力好的运动员来说，要充分发挥体力优势，让对方一直处于运动之中，与对方比拼体力，使对方体力耗尽，从而战胜对方。

七、规则战术

在竞赛规则中，有对攻击部位和攻击方法的限制，也有规则限制模糊的地方。运动员可以利用规则允许或基本允许使用的各种制胜办法攻击对方。

八、步法战术

运动员利用步法灵活和动作敏捷的优势，围绕对方游斗，引诱对方上当或扰乱其情绪；待对方反击时又迅速撤退或靠近对方，扰乱对方的情绪和攻防意图，以破坏对方进攻的战术来战胜对方。

九、特长发挥战术

特长发挥战术是指运动员利用自己的特长、优势技术不断得分的战术。

十、空间战术

运动员充分利用赛场的空间，攻击对方不同的得分部位或同一部位；或故意露出某一部位引诱对方进攻，待对方上当后再进行反击。

十一、语言战术

教练员与运动员应达成默契的配合，用语言引诱对方上当；但要注意语言的隐蔽性和合理性，既要使对方上当，又不要触犯规则。

第四节 跆拳道竞赛规则简介

一、比赛场地

比赛场地应为平整、无障碍物的场地，铺设有弹性的防滑垫。必要时，比赛场地可置于离地面 0.6 ～ 1.0 米高度的平台上。边界线外缘部分应以低于 30° 的坡度向下倾斜，以保障参赛运动员的安全。

（一）正方形赛场

比赛场地由竞赛区域和安全区域构成。正方形竞赛区域为 8 米 × 8 米，赛区周边为安全区，四面距离应相等。比赛场地（竞赛区和安全区）应不小于 10 米 × 10 米、不大于 12 米 × 12 米。如果比赛场地在平台上，则安全区可按需扩大，以确保参赛运动员的安全。依据竞赛操作指南，应以不同的颜色划分竞赛区域和安全区域。

（二）八角形赛场

比赛场地由竞赛区域和安全区域构成。比赛场地应为正方形，应不小于 10 米 × 10 米、不大于 12 米 × 12 米。比赛场地的中央为八角形的竞赛区，该赛区直径为 8 米，八角形的每一条边的长度为 3.3 米。比赛场地的外围线与竞赛区的边界线之间为安全区。依据竞赛操作指南，应以不同的颜色划分竞赛区域和安全区域。

二、竞赛分类和赛制

（一）分类

1. 个人赛

个人赛一般在相同重量级别的参赛运动员之间进行；参赛运动员在一次赛事中只允许参加一个级别的比赛。

2. 团体赛

团体赛按体重级别分为四人制、五人制、八人制。其中，四人制团体赛是将 8 个重量级别中的相邻 2 个级别合并后，成为 4 个级别。

（二）赛制

跆拳道比赛一般采取单败淘汰制、复活赛制、循环赛制或其他赛制。

三、比赛服装

运动员必须穿戴世界跆拳道联盟所认证的跆拳道服装和护具。护具包括护胸、头盔、护裆、护臂、护腿、手套。其中，护裆、护臂、护腿应戴在道服内；除头盔外，头部不得佩戴其他物品。

四、比赛时间

比赛将进行 3 局，每局 2 分钟，局间休息 1 分钟。如果 3 局过后分数持平，则休息 1 分钟后进行第 4 局时长为 1 分钟的黄金加时赛。另外，每局比赛的时长也可根据相关比赛技术代表的决议调整为 1 分钟 ×3 局、1 分 30 秒 ×3 局、2 分钟 ×2 局或 5 分钟 ×1 局（每位参赛运动员有 1 次 30 秒的暂停时间）。

五、合规技术与区域

（一）合规技术

（1）拳的技术：紧握拳头并使用正拳进行正面攻击的技术。
（2）脚的技术：使用踝关节以下脚的部位进行攻击的技术。

（二）合规区域

（1）躯干：允许使用拳的技术和脚的技术攻击被护具包裹的躯干部位，但禁止攻击后背脊柱。
（2）头部：指锁骨以上的部位，只允许使用脚的技术进行攻击。

六、得分

（一）得分区域

（1）躯干：护胸的蓝色或红色区域。
（2）头部：头盔底边上方的所有头部区域。

（二）有效得分标准

（1）通过合规技术，以一定力度击打躯干得分区域，则得分。

（2）通过合规技术，打击头部得分区域，则得分。

（3）除拳的技术外，技术、击打力度和/或击打部位的有效性将由电子计分系统判定。

（4）技术委员会应根据运动员的重量级别、性别和年龄段，决定击打力度和护具的感应度。在某些必要的情况下，技术代表可以重新校准有效的击打程度。

（三）有效得分

（1）有效拳击打护胸得 1 分。

（2）有效踢腿技术击打护胸获得 2 分。

（3）有效转身技术击打护胸获得 4 分。

（4）有效技术击打头部获得 3 分。

（5）有效转身技术击打头部获得 5 分。

七、违规行为

一方运动员犯规，另一方运动员获得 1 分。由主裁宣告违规行为，并由主裁以"Gam-jeom"口令进行扣分判罚。1 次扣分将给予对方运动员 1 分。当参赛运动员累计扣分次数达 10 次时，主裁应通过判罚犯规胜宣布该名运动员为败方。

以下属于违规行为，将给予"Gam-jeom"扣分判罚。

（1）越出边界线。

（2）倒地。

（3）故意回避或消极比赛。

（4）抓或推对方运动员。

（5）抬腿阻碍，和/或踢对方运动员腿部以阻挡其进行腿部进攻，或抬腿或空踢超过 3 秒以阻碍对方运动员的可能进攻动作，或瞄准对方腰部以下部位攻击。

（6）攻击对方运动员腰部以下部位。

（7）在主裁发出分开"Kal-yeo"口令后攻击对方运动员。

（8）用手攻击对方运动员的头部。

（9）用膝部顶撞或攻击对方运动员。

（10）攻击已倒地的对方运动员。

（11）在近身的情况下，运动员膝关节朝外，使用脚侧或脚底踢击躯干计分系统。

（12）运动员或教练员的不良行为。

第十二章 瑜 伽

第一节 瑜伽概述

瑜伽起源于古印度，距今已有5000多年的历史。瑜伽一词源自梵语，意为"联结""和谐"。练习瑜伽，能使练习者的精神集中、心情平静。

瑜伽能以其独特的、温和的运动方式达到显著的、极佳的健身效果。练习者排除杂念，在平静的心境下练习瑜伽，能够放松肌肉和神经，舒展肢体，塑身美体。

经常进行瑜伽锻炼，能有效地增强练习者的心肺功能，特别是有意识的呼吸法练习能稳定血压、减缓心率，对控制高血压、预防心血管疾病有较好的效果。瑜伽练习能有效保持并增强肌肉、骨骼、关节等运动系统的功能，预防骨质疏松症，改善神经系统功能，还能增强免疫系统的功能，更有益于抵抗疾病。

近年来，瑜伽风靡全球，其在中国也很受欢迎。无数的瑜伽爱好者通过练习瑜伽保持和塑造良好体型、消除精神紧张。瑜伽作为一项热门的运动项目走入了人们的生活。

第二节 瑜伽基本技术

一、瑜伽呼吸法

（一）瑜伽呼吸法的分类

1. 根据呼吸的部位分类

根据呼吸的部位，瑜伽呼吸法可分为腹式呼吸、胸式呼吸和腹胸式完全呼吸。

（1）腹式呼吸：以肺的底部进行呼吸，感觉只是腹部在鼓动，胸部相对不动。

健身功效：按摩腹部内脏，促进消化和吸收。

动作要领：把手放在腹部，两鼻孔慢慢地吸气，放松腹部，感觉空气被吸入腹部，手能感觉到腹部越抬越高。这一过程实际上是横膈膜下降，将空气压入腹部底层的过程。呼气时，慢慢收缩腹部肌肉，横膈膜上升，将空气排出肺部。呼气的时间是吸气时间的 1 倍。

瑜伽 – 呼吸 – 腹式呼吸

（2）胸式呼吸：以肺的中上部进行呼吸，感觉胸部在张缩鼓动，腹部相对不动。

健身功效：使头脑清醒，促进血液循环。

动作要领：呼吸时，胸部扩张，腹部保持平坦。从两鼻孔中有力而短促地呼出气体，自然地吸气，保护 1 秒吸气 1 次的频率。

（3）腹胸式完全呼吸：肺的上、中、下各部分都参与呼吸，腹部、胸部乃至全身都在起伏张缩。

健身功效：促进新陈代谢，维持心率平稳。

动作要领：① 吐净气。慢慢地往腹部吸气，使腹部胀起，将腹部的空气提升到胸部。接下来，一边吸气一边提肩，把空气提到喉咙处。② 使腹部慢慢地瘪下去，缩胸，放下肩部，吐气。

2. 根据呼吸的过程分类

瑜伽呼吸法有屏息和不屏息两种。屏息又分为呼气后的屏息和吸气后的屏息两种。

3. 根据呼吸鼻孔分类

瑜伽呼吸法有左鼻孔呼吸、右鼻孔呼吸、左右鼻孔交替呼吸三种。右鼻通交感神经，用右鼻孔呼吸有利于身心活动；左鼻通副交感神经，用左鼻孔呼吸有利于身心静稳。

左右鼻孔交替呼吸的动作要领：用右手拇指按住右鼻，使气体从左鼻呼出，再通过左鼻吸气；松开拇指，用右手食指和中指按住左鼻，从右鼻呼气，再从右鼻吸入气体；再用右手拇指按住右鼻，从左鼻呼气。呼气时间是吸气时间的 2 倍。

（二）瑜伽呼吸法的配合

练习瑜伽的呼吸法，一定要与相应的收束法配合进行。练习者应在瑜伽教师的辅助下根据个体的实际情况（如身体状况、性格情况、情绪状况等）选择正确的收束法，如下颌收束法。下颌收束法的要领如下：在呼吸的过程中始终以下颌抵住胸骨，挺起胸部。肋骨要提起，头、胸骨、肚脐和两条大腿中线要位于一条中正线上。

二、瑜伽体位法

瑜伽的体位法是配合呼吸，围绕脊柱伸展身体以完成各种姿势的方法。体位法的练习有一定的程序。每个体位都有其相应的呼吸方式，有时要求练习者身体保持某种姿势，自然地呼吸；有时则要求练习者配合动作屏息数秒。鼻腔不通畅，会影响呼吸，此时不适合练习瑜伽体位法。初学者应在教师的指导下练习，以防受伤。

深呼吸是瑜伽练习的重要部分。因此，练习者在做每一个动作时都要配合深呼吸，并且尽可能地让每一个动作保持 5 个深呼吸的时间。

（一）暖身式

练习瑜伽前，必须进行充分的暖身运动。暖身运动可帮助舒展四肢，让身体更柔软，减少运动损伤，还能帮助安定情绪。练习时，可以进行多次暖身运动，直到身体暖和、筋骨灵活为止。

【方法】

（1）取坐姿，两腿交叉，膝关节尽量并拢，两脚脚尖点地，两手环抱小腿，放松背部，额头抵在膝关节上，保持自然呼吸，使身心放松。（图 12-2-1）

图 12-2-1　　　　图 12-2-2

（2）两腿交叉盘坐，两手放在两膝上，吸气，抬头，呼气，两腿放松，膝关节打开，胸、腰、腹向前推，感觉力量集中在手掌上，膝关节尽量贴近地面。（图 12-2-2）

（3）取坐姿，两腿并拢前伸，两脚脚背绷直，用手去触摸两脚，腹部靠近大腿，额头靠近小腿，使身体放松，保持自然呼吸。（图 12-2-3）

（4）取坐姿，两手虎口打开放在身后，掌心朝下触地，两腿弯曲，两膝并拢。吸气，胸、腰、腹尽量向前推，使气息停留在胸部。保持 5～8 秒。（图 12-2-4）

图 12-2-3　　　　图 12-2-4

（5）两腿交叉盘坐，两臂屈肘，两手指尖相对置于地面，放松身体，额头触及两手。保持自然呼吸。（图 12-2-5）

（6）两腿交叉盘坐，两手合掌，吸气，两臂向上抬起，指尖尽量向上伸，胸、腰、腹向前推；呼气，内脏器官向下沉，指尖再次向远伸，两臂夹紧两耳。（图 12-2-6）

（7）两腿交叉盘坐，两手半握拳放在两膝关节上，慢慢放松身体，使胸、腰、腹保持自然状态。闭上眼睛进行胸腹式完全呼吸 3 次。（图 12-2-7）

图 12-2-5　　　图 12-2-6　　　图 12-2-7

（二）猫伸展式

【方法】

（1）成"四脚"姿势，吸气，背部肌肉下压，同时慢慢抬头，头部尽量后仰，蓄气不呼。（图12-2-8）

（2）呼气，放松背部肌肉，收腹，背部拱起，用下颌去贴前胸。（图12-2-9）

图12-2-8　　　　　图12-2-9

【作用】使脊椎富有弹性，放松肩部及颈部，促进血液循环。

【注意】

（1）吸气时腰部尽量下陷，臀部上翘。

（2）呼气时背部尽量向上拱起，使头埋在两臂之间。

（三）虎式

【方法】

（1）成"四脚"姿势，吸气，左腿向上伸展，头部后仰。（图12-2-10）

（2）呼气，左腿屈膝，左脚脚背绷直，鼻尖试着去贴近左腿膝关节。（图12-2-11）

（3）重复5～6次，换右侧。

【作用】强壮膝关节和腿部肌肉，促进全身血液循环，防止臀部下坠或下半身肥胖，伸展腰椎，让久坐的人得到放松和舒展。

图12-2-10　　　　　图12-2-11

【注意】

（1）吸气时腰部尽量下陷，腿、膝尽量抬高，不可弯曲，下颌也要抬高。

（2）呼气时背部尽量向上拱起，使头能靠近膝关节。

（3）整个过程保持呼吸畅通。

（四）蝴蝶式

【方法】

（1）简易坐姿，屈膝，两脚脚底相对并拢，两手十指交叉，握住脚趾。

（2）用力使脚跟靠近会阴部，背部挺直。（图12-2-12）

（3）呼气，两膝缓缓下压，靠近地面；吸气，肌肉缓缓放松，两膝还原。反复14次。（图12-2-13）

（4）保持如图12-2-13所示姿势，两手握住两脚外侧，吸气，将脚抬离地面，脚跟靠近腹部，尽量抬高一些；呼气，将脚缓缓放到地面上。

【作用】锻炼肛门附近肌肉，增强生殖器官的功

图12-2-12　　　　　图12-2-13

能；促进骨盆区域的血液循环，调理经期；缓解泌尿系统病症和坐骨神经痛。

【注意】

（1）呼气时下压两膝，吸气时放松。

（2）将注意力集中于收紧会阴部和肛门。

（五）蛇式

【方法】

（1）俯卧，两手放于肩前，头部和胸部上抬。（图12-2-14）

（2）两臂伸直，上身撑起，头部后仰。两腿和两臂处于较为放松的状态，主要依靠头部、颈部、背部的力量。吸气的同时，由头顶牵引，使整条脊柱悬置，一节一节向上牵引，牵引顺序依次是颈椎、胸椎、腰椎。（图12-2-15）

图12-2-14　　　　　　　　图12-2-15

（3）整个过程保持头部尽量向上、向后伸展，眼睛向上方、后方看。手臂辅助性地轻松伸直。呼气的同时，反顺序放松脊柱，放松顺序依次是腰椎、胸椎、颈椎。

【作用】调理经期，使之规律化；缓解背部疼痛及坐骨神经痛，有益于内脏器官和生殖器官。

【注意】

（1）患有甲状腺功能亢进、胃溃疡、肠炎和疝气的人不宜做此动作。

（2）不要勉强或使颈部、背部的肌肉过于紧张。

（六）弓式

【方法】

（1）俯卧。呼气，屈膝，两手抓住脚踝或脚背。（图12-2-16）

（2）吸气的同时，手、脚、头向上抬起，眼看上方，自然呼吸。保持10秒。（图12-2-17）

图12-2-16　　　　　　图12-2-17

（3）呼气，有控制地还原腰、背，再放松手、脚、头。

【作用】使肾脏、肝脏等内脏得到按摩，功能得到调整和改善；促进血液循环，预防胆结石、肾结石等疾病；使关节更灵活，肌肉更放松舒展。

【注意】

（1）患有甲状腺疾病和椎间盘错位的人不宜做此动作。

（2）初学者可以简化动作，做到最大限度即可。

（3）保持动作时间要逐渐延长。

（七）犁式

【方法】

（1）仰卧。吸气，两腿伸直并拢，向上举起，与地面成90°角。

（2）两手扶臀部，臀部、腰部、背部抬高离地，两腿伸直，脚尖于头上方着地，用两手托住后腰，稳定身体重心（图12-2-18）。保持自然呼吸，再慢慢地将两臂平放在地面（图12-2-19）。

图 12-2-18　　　　　　　图 12-2-19

【作用】 调整生理机能，促进血液循环和刺激荷尔蒙分泌；使肌肤更有弹性；使脊椎保持弹性，缓解腰酸背痛。

【注意】

（1）高血压患者不宜练习此动作。

（2）两腿并紧，协调用力。

（3）头部固定，身体不要左右摆动。

（八）山峰式

【方法】

（1）成"四脚"姿势，脚趾回收。

（2）伸直膝关节，臀部抬高，两脚脚跟落于地面，努力伸直手臂和腿，头置于两臂之间。（图12-2-20）

图 12-2-20

（3）呼气，尽量用力下压肩部，稍抬头，眼睛看两手之间，保持30～60秒。吸气，放松肩膀，还原成"四脚"姿势。

【作用】 缓解疲劳，缓解坐骨神经痛和肩关节炎，舒缓神经。

【注意】

（1）高血压和贫血患者不宜练习此动作。

（2）韧带僵硬的人，可以先将两脚分开距离大一些，熟练之后再将两脚并起来。

三、瑜伽冥想

瑜伽冥想可以减少人体对氧气的消耗，减缓心脏跳动，使人进入完全休息的状态。冥想就是排除一切杂念的沉思、静虑的过程。

（一）瑜伽冥想坐姿

瑜伽冥想坐姿是练习瑜伽冥想的基础，其基本要求是上体挺直，使脊椎为一条直线。瑜伽冥想坐姿很多，下面介绍几种常用的瑜伽冥想坐姿。

1.简易坐

对初学者来说，简易坐是最简单、最适合的瑜伽冥想姿势。

【方法】坐于垫上，两腿自然弯曲盘起，两手放于膝关节上，头、颈和躯干保持在一条直线上。

瑜伽－坐姿－简易坐

【作用】加强两髋、两膝、两踝力量，补养神经系统，减轻风湿疼痛，缓解关节炎。

2.半莲花坐

【方法】以简易坐为起始姿势，右脚脚底贴紧左大腿内侧，左脚脚背置于右腿大腿根上，脚心朝上；背部自然挺直，两手放在两膝上，掌心向上，面向正前方。

3.莲花坐

【方法】以半莲花坐为起始坐姿，将右脚脚背置于左腿大腿根上，再将左脚脚背置于右腿大腿根上，两脚脚心朝上；两膝向下，贴近地面；挺直背部，端正头部。两手放在两膝上，拇指与食指轻点在一起，另外三指自然打开。（图 12-2-21）

【作用】有益于呼吸系统和消化系统的健康，消除情绪紧张和波动，使下肢肌肉富有弹性。半莲花坐是莲花坐的有效过渡动作，其效果与莲花坐相似，但不如莲花坐。

图 12-2-21

4.雷电坐

雷电坐使用的范围非常广，患有坐骨神经痛等病症的人不宜采用其他冥想姿势，此姿势是最佳选择。

【方法】跪立，两膝并拢，两脚拇趾交叠，脚跟、脚踝似括号一样向左右两边分开；背部垂直于地面，臀部坐于两脚的内侧；两手放在两大腿上，抬头，两眼平视前方。

【作用】预防和消除两膝和两踝的僵硬、强直，加强各关节灵活性，预防和辅助治疗风湿病和关节炎；伸展髋关节，对临产孕妇有很大帮助。

（二）瑜伽冥想的正确方式

采用正确的冥想方式进行冥想，可以让人进入一种近乎完全休息的状态。

（1）选择一种适合自己的冥想坐姿，调顺气息，静坐。

（2）两手指尖向外，慢慢地用手指带动手臂向上抬至离地面一手掌处；闭上眼睛，下颌稍稍抬起，颈部、脊柱保持在一条直线上，肩微收，不要含胸。

（3）轻柔地呼吸，将手指伸直，感觉手指可以延伸到地板上。

（4）保持这种状态，吸气，手指带动手臂慢慢向上抬升，感觉臂与肩持平，慢慢翻转掌心，使掌心朝上，自然舒缓地呼气。

（5）吸气，想象手上托着很重的东西，慢慢托起，直到手臂贴近耳朵，两手掌心相对，

指尖向天空伸展。

（6）呼气，手慢慢收回，两手掌心向上，轻松地放在膝关节上。

（7）头摆正，眼睛微闭，舌顶上腭。两肩放松，腰背挺直，收小腹。

（8）将注意力集中到特定对象上，如呼吸、声音、想象出的事物等。

瑜伽的冥想方法是非常丰富的。练习者应根据自己的情况灵活选择。初学者可采取专注训练使内心平静。专注训练就是对静坐时身体的反应、感受进行专注的体察的训练。在众多的专注训练方法中，关注呼吸的训练非常有效，且对身心完善的意义深远。

第三节 练习瑜伽的要求及注意事项

一、练习时间要求

练习者可选择在早晨、中午、黄昏来练习瑜伽，但是要保证空腹的状态，饭后 2 小时之内不宜练习瑜伽。一些瑜伽练习者认为，凌晨 4～6 时是练习瑜伽的最佳时刻，原因是在这个时段，周围万籁俱寂，空气最为纯净，人体的肠胃活动基本停止，大脑尚未活跃起来，容易进入瑜伽的深层练习状态。练习者可根据自身的情况，选择上午 6～7 时或者傍晚 7～8 时来练习。

二、练习地点要求

瑜伽练习要在干净、舒适的环境中进行，保证有足够的伸展身体的空间，避免靠近任何家具及妨碍身体活动的物件。练习地点空气应清新、流通，以保证练习者在练习时能自由地吸入氧气。在练习过程中，可播放轻柔的音乐来帮助身心放松。在露天的自然环境中练习时，要避免在大风、寒冷的天气或在有污染的空气中练习，也要避免在阳光直射下进行瑜伽练习。

三、服饰要求

练习瑜伽时应着宽松柔软的服装。服装以棉麻质地为佳，且有一定的透气性，以保证练习时机体不受拘束。提倡光脚练习，但是天气寒冷时须注意脚部保暖。练习时身上不要佩戴任何饰物。

四、器械要求

练习瑜伽最好使用专业的瑜伽垫。瑜伽垫具有缓冲作用。当地面太硬或不平坦的时候，瑜伽垫能够帮助练习者保持平衡。如果没有专业的瑜伽垫，在家练习时要在地上铺上地毯或对折的毛毯，不要在过硬的地板或太软的床上进行练习。不论是用瑜伽垫还是用地毯或其他器具，练习者在练习时都要注意脚下的稳定性，不能打滑。

瑜伽初学者在练习时也可使用一些辅助器械来帮助完成练习，如瑜伽砖、瑜伽绳，另外也可对墙壁、桌椅等加以利用。例如，在做平衡体式时可利用墙壁和桌椅来辅助完成。相应的辅助器械可以帮助练习者完成一些自己不能独立完成的体式，有助于使练习者更准确掌握和体会相应体式的感觉。

五、练习前后饮食的注意事项

饭后 2 小时之内是不宜练习瑜伽的，但是练习者可以在练习瑜伽前 1 小时左右进食少量的流质食物，如牛奶、酸奶、蜂蜜、果汁等。在练习时，练习者也可以喝一点清水以帮助排出体内毒素（做鸭行式的练习时可以喝一些水，做热瑜伽时也需适当地补充水分）。空腹练习是瑜伽练习的一个特点。由于瑜伽动作大多是弯、伸、扭、推、挤等，练习者在饭后马上练习会对消化系统造成负担。瑜伽练习结束 1 小时后进食最好，练习结束后最好吃一些天然食品，避免食用油腻、辛辣的食品。练习瑜伽后饭量减少，排气、排便增加等都属于正常现象。

六、练习过程中的注意事项

（一）忌强行拉伸超过自身极限

在练习瑜伽的过程中，一定要在极限的边缘温和地伸展身体，在练习过程中千万不要用力推拉、牵扯。如果采用超出自己极限的动作来进行练习，如借用外力强行拉伸，则易导致肌肉和韧带撕裂、拉伤。练习者应温和地伸展，有控制地练习，并根据自身的情况，逐渐增加难度。

（二）忌体力不支时过度坚持

在练习过程中，若出现体力不支、身体颤抖，练习者须即刻还原，不要过度坚持。在练习中肌肉颤抖的主要原因是疲劳，运动量超过了身体的可承受范围。这个时候要停止练习，稍做休息。如果继续练习，会导致机体受伤，将得不偿失。

（三）沐浴前后 20 分钟不宜练习

沐浴前 20 分钟内不要练习瑜伽，原因是瑜伽练习会使练习者身体感官变得极其敏锐，此时若受到冷热交替的刺激，练习者的身体会受到损害。沐浴后 20 分钟内也不宜练习瑜伽，原因是沐浴后机体血液循环加快，在这个时候进行瑜伽练习，容易导致血压升高，心脏负担加重。患有心脏病、高血压、甲亢等疾病的练习者尤其要注意这一点。

▶ 第十三章　啦啦操

第一节　啦啦操概述

啦啦操起源于美国，是一项集体操、舞蹈、音乐、健身、娱乐于一体的体育项目。它能充分展示团队高超的运动技能和技巧，体现团队的青春活力和积极向上的精神，并激励团队成员努力追求团队荣誉感。

一、啦啦操的起源和发展

啦啦操的起源可以追溯到早期的部落仪式。当时，人们为了激励外出打仗或狩猎的族人，通常会举行一种仪式。在仪式中，人们用欢呼、手舞足蹈的表演来鼓励族人，希望他们能凯旋。

19 世纪 70 年代，美国普林斯顿大学成立了第一个啦啦操俱乐部。1898 年，美国明尼苏达大学的学生约翰尼·坎贝尔在观看一次橄榄球比赛时，从人群中跳出来，带领观众一起为比赛呐喊助威。这次具有重要意义的呐喊助威活动标志着啦啦操的正式诞生。约翰尼·坎贝尔也因此成为世界上第一位正式的啦啦队队长。

20 世纪 80 年代，啦啦操开始走出美国，并以其独特的魅力和感染力获得了世界各国人民的喜爱，迅速风靡全世界。

啦啦操是一项充满阳光、体现团队精神的大众体育运动，其在我国大中小学中受到青少年的追捧。2009 年，国家体育总局正式批准开展全国啦啦操联赛这一官方赛事。多年来，在国家体育总局体操运动管理中心的大力推动下，以及教育部相关部门的倾力支持下，啦啦操在我国迅速发展和普及。

二、啦啦操的分类

根据啦啦操的展示场所，啦啦操可分为场地啦啦操和看台啦啦操。其中，根据动作技术的类别，场地啦啦操可分为技巧啦啦操和舞蹈啦啦操。根据队员是否手持道具，看台啦啦操可分为徒手看台啦啦操和道具看台啦啦操。（图 13-1-1）

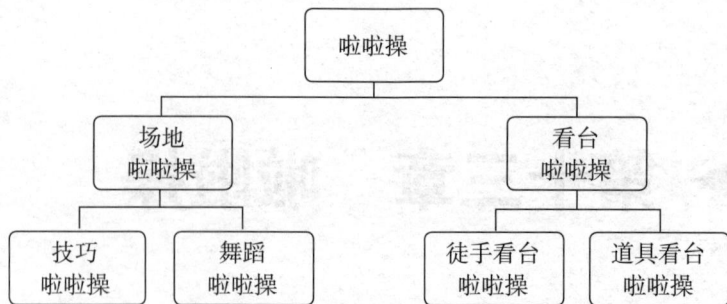

图 13-1-1

（一）场地啦啦操

场地啦啦操是指在体育比赛区域、活动区域等规定场地内进行啦啦操表演的一种团队体育项目。广义地讲，场地啦啦操是一种有组织的为体育赛事助威的场地表演项目。

1. 技巧啦啦操

技巧啦啦操是以倒立、翻滚、托举、抛接、金字塔组合、舞蹈动作、过渡连接及口号等形式为基本内容的团队竞赛项目。其包括男女混合组、女子组和舞伴特技组三种组别。

2. 舞蹈啦啦操

舞蹈啦啦操是以舞蹈动作为主，道具使用为辅，以展示各种舞蹈元素和技巧为基本内容的团队竞赛项目。其包括爵士组、现代舞组、街舞组等组别。

（二）看台啦啦操

看台啦啦操是指在观众观看比赛时，啦啦操队员在观众席上进行一系列有组织的呐喊助威活动。依据参与的人数，看台啦啦操可分为小、中、大三种规模。一般认为，有30～60名队员参与的看台啦啦操为小规模看台啦啦操，有61～100名队员参与的看台啦啦操为中规模看台啦啦操，有100名以上队员参与的看台啦啦操为大规模看台啦啦操。

1. 徒手看台啦啦操

徒手看台啦啦操是指啦啦操队员在看台上不使用其他道具和器械，仅通过肢体的技巧动作及团队的配合展示来完成啦啦操表演。例如，著名的"墨西哥人浪"表演是足球赛场上除了呐喊助威和唱歌外最为壮观、最能调动球员情绪的一种形式。

2. 道具看台啦啦操

道具看台啦啦操是指啦啦操队员在看台上使用一些道具进行啦啦操表演。道具分为乐器类和装饰类。乐器类道具包括铃鼓、填充了沙子或小石子的饮料瓶等，装饰类道具包括纸制彩球、彩扇、花环、彩旗等。

三、啦啦操的特点和锻炼价值

（一）啦啦操的特点

1. 展现团队精神

啦啦操是以集体形式开展的。其对人数是有要求的，目的是要编排出更多的具有创造性、技巧性且层次复杂的动作，完成更多的空间转换及队形变换，从而真正展现啦啦操的魅力。啦啦操队员之间必须经常进行技术、经验交流，培养默契，以便完美地完成托举、抛接、金字塔组合等动作，使队伍的整体水平得到最大程度的发挥。

2. 具有动感活力

啦啦操队员大多拥有青春靓丽的形象、健康的体魄和健美的形体，五官端正，仪态端庄，能展现当代青少年的青春美和健康美。这也体现了啦啦操朝气蓬勃、健康向上的特点。

3. 风格突出

啦啦操的技术特点不同于健美操和舞蹈。啦啦操动作的短暂加速和定位制动更能体现肢体动作的力度。啦啦操要求表演者运用啦啦操基本手位、基本手型、基本站姿、基本跳步，结合多种舞蹈元素、口号等，通过多种方向、队形、节奏的变化展示项目特征。

（二）啦啦操的锻炼价值

啦啦操作为一项健康向上、注重团队协作的项目，强调整体效果，能有效地培养参与者的合作意识和团队精神。练习啦啦操可以全面提高各项身体素质。啦啦操属于有氧运动。有氧运动可以使人体的循环系统得到锻炼，从而提高整个机体的机能水平，促进身体健康，增强免疫力。另外，有氧运动还可以有效消耗能量，减少体内多余脂肪，从而达到塑造健美形体的目的。

1. 改善身体机能，提高身体素质

（1）改善心血管系统机能。练习啦啦操可以使心肌纤维增粗，改善心肌收缩能力，增加心输出量，提高机体的供血、供氧能力。

（2）改善呼吸系统机能。长期练习啦啦操可增强呼吸肌功能，大幅度提高机体的有氧代谢能力。

（3）改善消化系统机能。啦啦操含有多种舞蹈元素，腹部的活动较多，可有效刺激肠胃蠕动，改善消化机能。

（4）提高身体素质。啦啦操是一项要求力、美、柔、平衡等多种元素完美结合的运动。长期跳啦啦操，可增强全身肌肉力量，提高身体协调性和身体素质。

2. 改善体态

长期练习啦啦操，可降低身体脂肪含量，增强腹部、背部、肩部等部位的肌肉力量，矫正不良的身体姿态，使练习者身姿挺拔。

3. 促进心理健康，陶冶情操

啦啦操是在音乐伴奏下进行的运动，可使参与者心情愉悦，且能有效提高参与者的气质和修养。

4. 培养团队精神，提高社交能力

啦啦操是团队共同展示的表演型项目，可使参与者迅速融入团队，把"我"融入"我们"当中。因此，参加啦啦操能起到培养团队意识、促进人际交往的作用。

第二节 啦啦操基本动作

一、啦啦操的基本手位

进行啦啦操手位练习时应注意：手臂移动要快速并有控制；手臂运动路径应为最短距离；下肢动作应扎实，髋关节微向前倾，腰腹收紧。啦啦操的基本手位如图 13-2-1 所示。

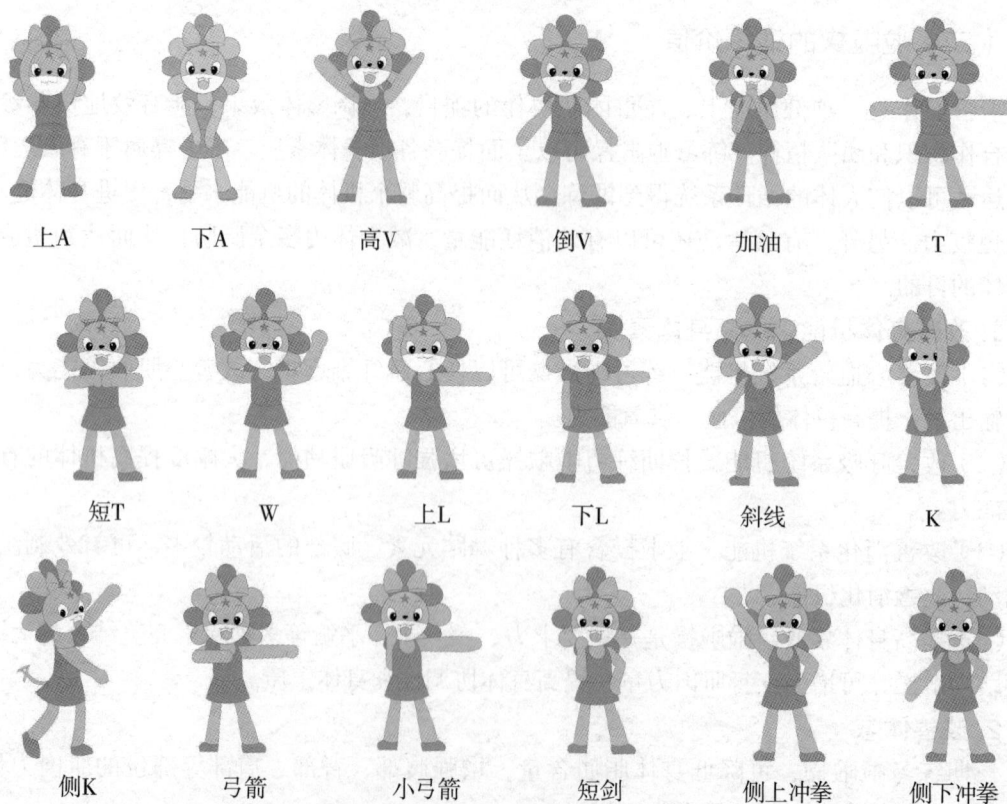

上A	下A	高V	倒V	加油	T
短T	W	上L	下L	斜线	K
侧K	弓箭	小弓箭	短剑	侧上冲拳	侧下冲拳

图 13-2-1

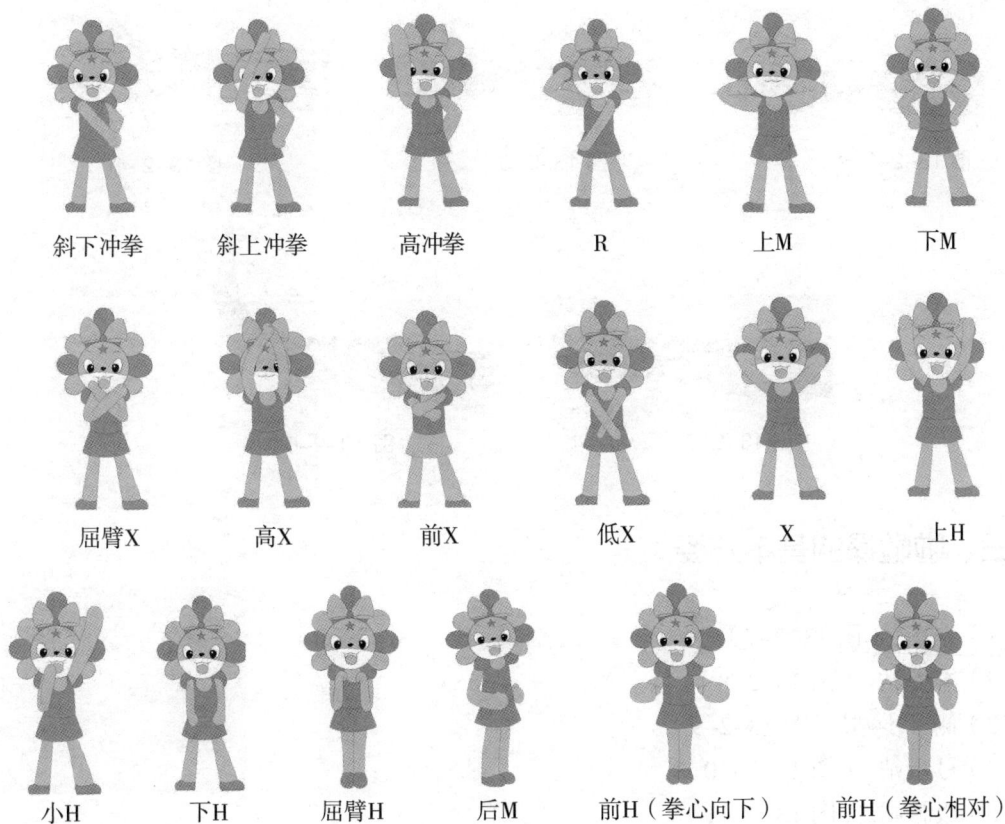

| 斜下冲拳 | 斜上冲拳 | 高冲拳 | R | 上M | 下M |

| 屈臂X | 高X | 前X | 低X | X | 上H |

| 小H | 下H | 屈臂H | 后M | 前H（拳心向下） | 前H（拳心相对） |

图 13-2-1（续）

完成啦啦操基本手位的动作强调力量、速度和定位的准确性。在练习基本手位动作时，定位的准确性是最基础的。只有动作定位准确，才能在最短时间内将力量与速度结合，做出干净利落的动作。

二、啦啦操的基本手型

手型是手臂动作的延伸和表现。手型运用得好，会使啦啦操动作更加丰富多彩、生动活泼，更具有感染力。啦啦操的基本手型是从芭蕾舞、现代舞、迪斯科、武术中发展而来的，主要有以下五种。

（1）并握式：除拇指外其余四指伸直并拢。拇指微屈，第一指节贴于食指指根旁。（图 13-2-2）

（2）分开式：五指用力伸直，充分张开。（图 13-2-3）

（3）芭蕾手式：五指微屈，中指、无名指和小指并拢，稍内收，拇指和食指分开。（图 13-2-4）

（4）拳式：握拳，拇指在外，拇指第一指节弯曲，紧贴食指和中指。（图 13-2-5）

（5）立掌式：手腕背伸，五指伸直，手掌用力上翘。（图 13-2-6）

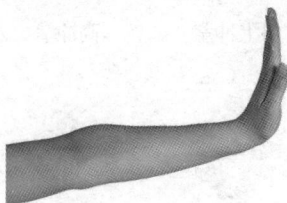

图 13-2-2　　　　　　　　图 13-2-3　　　　　　　　图 13-2-4

图 13-2-5　　　　　　　　图 13-2-6

三、啦啦操的基本站姿

（1）立正。（图 13-2-7）

（2）军姿站。（图 13-2-8）

（3）侧弓步站。（图 13-2-9）

（4）弓步站。（图 13-2-10）

（5）吸腿站。（图 13-2-11）

（6）锁步站。（图 13-2-12）

图 13-2-7　图 13-2-8　　图 13-2-9　　　　　　图 13-2-10　　　　图 13-2-11　图 13-2-12

四、啦啦操的基本跳步

（1）分腿小跳。（图 13-2-13）

（2）C 跳。（图 13-2-14）

图 13-2-13　　　　　　　　　　图 13-2-14

第三节　啦啦操成套动作创编

动作创编是啦啦操的生命，是其发展的基础，是其核心竞争力。科学、合理、新颖、独特的动作创编可以扬长避短，更好地展现队员的特点，更好地展示成套动作的风格，增强啦啦操成套动作的竞技性、艺术性、观赏性和娱乐性，增强啦啦队的凝聚力，促进啦啦操队员的生理和心理健康发展。

一、啦啦操成套动作的创编过程

（一）确定创编原则

创编啦啦操要考虑不同竞赛的类型。首先，创编者要了解竞赛规则及规程的要求。这是决定比赛成败的关键，不符合规则要求，动作创编再好也是徒劳的。其次，啦啦操风格多样，个性化突出。创编者应针对队员的特点进行啦啦操创编，充分发挥队员的优势，展现其独特的风格。例如，针对柔韧性好的队员，可创编难度较大的一字马、高踢腿等动作，以展现其舒展优美的形体和矫健的身手。啦啦操属于技能主导类的比赛项目，合理、恰当的创编有利于啦啦操队员向观众和裁判员展现其积极向上的精神面貌，从而取得优异的比赛成绩。总之，进行啦啦操创编，应该以竞赛规则为标准，充分挖掘队员的潜力，合理分布难度动作，善于运用形式美原则，展现团队成套动作的技术水平。

（二）选择音乐，进行整体结构搭建

音乐的风格、基调决定了成套动作的类型。所选音乐应与成套动作的主题吻合。音乐节奏的强弱、快慢与动作的刚柔、动静、开合、收放、起伏等要协调统一，借用音乐突出

刚与柔、动与静、开与合、收与放、起与伏等动作反差，增添动作的立体感，加强舞台效果。在创编的准备阶段，创编者可请队员试做大量不同的动作，再根据队员的实际情况和表演目的选择较为合适的动作作为备选。

当动作素材和音乐素材积累到一定程度时，便可对啦啦操的成套动作进行总体结构的搭建。常用的啦啦操成套动作总体结构搭建有如下两种方法。

第一种方法：首先，根据创编者对成套动作的整体设想，把整套动作分为若干部分和若干段；其次，确定各个段落的主要队形或运动路线，确定各个段落的节拍数；最后，根据动作的主题风格、结构、时长、速度等选择和剪辑音乐。

第二种方法：先根据主题风格选择音乐，再根据音乐的结构、节拍数、高潮起伏等确定成套动作的整体结构。成套动作的结构搭建要合理、干净、利落，难度与技巧的安排应衔接自然，动作与主题要契合。成套动作创编应能展现队员个人和团队的技术风格，体现团队的创编水平和创新能力。创编者在编排中要认真分析每一个难度动作的技术原理和技术要求，同时还要结合啦啦操队员的具体特点和优势，根据规则要求，利用难度动作的合理布局来提高整套动作的艺术价值和创新水平。在进行动作编排前，创编者还要充分研究啦啦操艺术分评分的规则。

（三）具体动作编排

整体结构搭建完成后，创编者应借鉴健美操、体操、舞蹈等同项群项目动作的创编方法，结合啦啦操队员的运动水平进行基调动作的构思。基调动作是体现成套动作风格的核心主体动作，在创编时可以采用将基调动作加以变化的方法，由一个动作引出另一个动作，产生丰富的变体动作，诠释一定的主题和含义，突出成套动作的独特性，使观众和评委产生新奇感。

一般来说，在动作编排的过程中，当确定了一套啦啦操的风格和主题之后，即可开展开始、中间和结束三个部分的构思。表演既可以由队员的静态造型开始，也可以在音乐响起来后再让队员进场。表演开始的部分，时间不宜过长，一般控制在 2～4 个八拍。中间部分是啦啦操的主体部分，是成套动作的发展、高潮部分。此部分包含大量身体动作和队形变化，是表演主题的集中展示部分，是队员集中展示技术水平、艺术感染力的主要部分。结束部分是表演的尾声，这部分时间同开始部分一样，以 2～4 个八拍为宜。队员身体素质较好的队伍，在这一部分往往会编排 1 或 2 个中高难度动作，并以具有一定惊险性的造型或动作收尾。对于队员体力较差的队伍来说，在这一部分编排小负荷的舞蹈动作是明智之举，最后以造型收尾，也可编排退场动作，让队员在音乐声中退出场外。

（四）整合成套动作

啦啦操成套动作的整合就是将各个分段动作串联起来，使之成为与音乐契合的完整动作套路。好的啦啦操成套动作应具备以下特征。

（1）动作新颖，风格独特，让人过目不忘。

（2）各段落的动作编排合理、队形变化流畅，难度分布均衡，层次丰富。

（3）能充分展示队员的综合能力和训练水平，呈现较好的艺术效果。

（五）编排检验

在一套成套动作初步完成之后，应先进行初步的实践。创编者要以完整统一为评价指标对成套动作进行分析检验，然后请同行、专家评价，做进一步修改。若发现问题，应及时修改，以使成套动作趋于合理、完善。因此，啦啦操编排检验阶段实际上就是修改、完善的阶段。

（六）创编注意事项

在创编啦啦操过程中要注意以下方面。

（1）动作要呼应主题。

（2）动作要与音乐的主题、节奏吻合。

（3）难度动作的选择要与队员的实际运动能力匹配。

（4）动作之间的连接应顺畅。

（5）成套动作创编要符合规则要求。

二、技巧啦啦操的编排要求

技巧啦啦操的动作必须根据音乐设计，必须具有技巧啦啦操的项目特征。技巧啦啦操的编排一般要求运用啦啦操的基本手位、步法、翻腾、托举、抛接、金字塔等动作，并结合各种舞蹈元素、道具、口号等，利用方向、队形、节奏的变化展现个人技能和团队风采。

三、舞蹈啦啦操的编排要求

舞蹈啦啦操的动作必须根据音乐设计，必须具有舞蹈啦啦操的项目特征。舞蹈啦啦操的编排一般要求运用啦啦操的基本手位、步法、平衡、转体、踢腿、跳跃等动作，并结合多种舞蹈元素、道具等，通过方向、队形、节奏的变化展现团队风采。需要注意的是，舞蹈啦啦操中的翻腾动作不被视为难度动作。成套动作中可以出现体现主题的托举造型，但该造型不能超过两人高，且仅能作为成套素材出现。

第四节 啦啦操竞赛规则简介

一、比赛场地和设备

啦啦操比赛场地区域为 12.8 米 × 12.8 米，整块场地为不小于 14 米 × 14 米的啦啦操专业地垫，后有特定标志的背景板；比赛有专业的放音设备，由大会统一播放音乐。裁判席设在比赛场地的正前方。

二、评分方法

评分采取公开示分的方法。成套动作满分为 100 分，其中动作编排分 50 分，动作完成分 50 分。裁判员的评分采用给分制与减分制。裁判员的评分去掉一个最高分和一个最低分，剩余分数的平均分即最终分数。

三、成套动作时间

（一）技巧啦啦操

30 秒口号组合时间为 30 ～ 35 秒；集体技巧啦啦操成套动作时间为 2 分 15 秒至 2 分 30 秒；双人、五人配合技巧成套动作时间为 60 ～ 65 秒。

（二）舞蹈啦啦操

舞蹈啦啦操成套动作时间为 2 分 15 秒至 2 分 30 秒。

四、比赛的开始和结束

啦啦操比赛的开始和结束的具体规则如下。

（1）比赛开始时，所有参赛队员必须在比赛区域内，同时身体的某一部位必须接触比赛场地。

（2）计时开始以音乐的第一个音符或队员的第一个动作开始为准；计时结束以音乐的最后一个音符或队员的最后一个动作结束为准。

（3）附加任何有组织的退场或在成套结束后附加的多余动作都被视为成套动作的一部分，并将计算其时间。

五、上场时间

运动队被叫到后 20 秒内必须上场，超过 20 秒未上场将予以减分，超过 60 秒未上场将被取消比赛资格。

六、比赛音乐

（一）成套动作音乐

可以使用一首或多首乐曲混合的音乐，可以加入特殊音效；音乐必须录制在 CD 上（一张 CD 只能录制一首音乐）并填写"CD 登记卡"；自备 2 张比赛 CD，一张用于比赛，另一张备用，并且清楚地标明参赛单位、项目及参赛顺序。

（二）音乐质量

音乐的质量应达到专业化水准，确保清晰、稳定。

第十四章 健 美

第一节 健美概述

一、健美的起源和发展

健美运动起源于古希腊，而其作为体育锻炼项目，是近百年来从欧洲兴起的。德国体育家、表演家、艺术家尤金·山道是现代健美运动的创始人。尤金·山道自幼体弱多病，10岁那年，他随父亲到意大利的罗马旅游，在参观佛罗伦萨美术馆时，深深地被那些古代角力士雕像的健美体魄所吸引，于是他开始每天坚持锻炼。尤金·山道上大学后学习了人体解剖学，更加懂得了科学锻炼的重要意义。他从实践中摸索出了一套发达肌肉的锻炼方法。4年后，他全身的肌肉发达到可与古代角力士雕像相媲美。1901年，他组织了世界上首次健美大力士比赛。1946年，加拿大的韦德兄弟创建了国际健美联合会。女子健美运动始于20世纪40年代，初期只是身材、体姿、容貌的"选美"比赛，被安排在男子健美比赛之后。20世纪60年代以后才出现正式的女子健美比赛。

自1965年起，每年举行一次由职业运动员参加的"奥林匹亚先生"健美大赛；从1980年开始，每年举行一次"奥林匹亚小姐"健美大赛。这是世界健美运动最高规格的比赛。

中国的健美运动于20世纪30年代初在上海兴起。赵竹光是我国现代健美运动的开拓者。1940年5月，赵竹光与其学生曾维祺创办了上海健身学院，并于同年7月创办了《健力美》杂志。1944年，第一次全市性的健美比赛在上海八仙桥青年会馆举行。中华人民共和国成立后，各地健美运动发展较快。1983—1989年，我国共举办了7届全国"力士杯"健美比赛。从1986年第4届健美比赛开始正式增设了女子健美比赛，并按照国际健美比赛的规定穿比基尼泳装。1985年11月，中国正式加入国际健美联合会。1986年8月，中国举重协会健美运动委员会成立。1988年，我国派运动员参加了在澳大利亚举行的第42届世界男子业余健美锦标赛。

随着中国体育事业的蓬勃发展，健美运动与其他体育项目一样，开展日益广泛，已成为人们追求健美和提高身体素质的一项时尚体育活动。

二、健身健美的锻炼价值

经常参加健美锻炼，能够促使人体血液循环加速，增强人体心脏的功能；促使呼吸肌力量增强、肺活量增大，使肺的功能得到改善；能改善大脑的供血状况，消除疲劳，使人头脑清醒，思维更加敏捷；有效地增强人的体质，促进人体全面协调地发展；能使人体的力量、柔韧、速度、耐力等素质得到提高，为参加其他体育活动打下良好的基础。通过各种科学的、有计划的、有目的的徒手动作和器械辅助动作的反复练习，能使肌肉粗壮结实，肌红蛋白增多，骨骼坚韧，骨密质增厚，骨的抗弯、抗折能力增强。长期坚持健美锻炼，能使人的体能、体形和体态都得到较大改善。具有良好的体能、匀称的体形、优美的体态，能使人充满活力，身心愉悦，朝气蓬勃。

第二节 **健美主要肌肉群训练**

一、身体各部位肌肉锻炼法

人体各部位的肌肉分布如图 14-2-1 所示。

（一）腿部肌肉锻炼法

腿是人体的基座，承担着整个身体的重量。如两腿无力，就会给日常生活和工作带来不便，更谈不上健美。人的衰老从腿开始，因为两腿无力，行走活动减少，会导致心肺功能下降，所以应重视腿部肌肉的锻炼。

1. 股四头肌、臀大肌的锻炼方法

股四头肌位于大腿前部，是人体中体积较大的肌肉之一，由四块相互联系的肌肉组成，包括股直肌、股中间肌、股内侧肌和股外侧肌。股直肌起自髂前下棘，股中间肌起自股骨体前面，股外侧肌起自股骨粗线外侧唇，股内侧肌起自股骨粗线内侧唇。四个肌头相合，形成一条强有力的肌腱，由前面及两侧包绕髌骨，并在髌骨下方形成髌韧带，并借助此韧带止于胫骨粗隆。

臀大肌位于臀部皮下，为四方形扁肌，生理横断面较大。在形体健美中，臀大肌是影响臀围和形成臀部外形的主要因素。臀大肌起于髂骨翼外面和骶骨背面，止于臀肌粗隆和髂胫束。

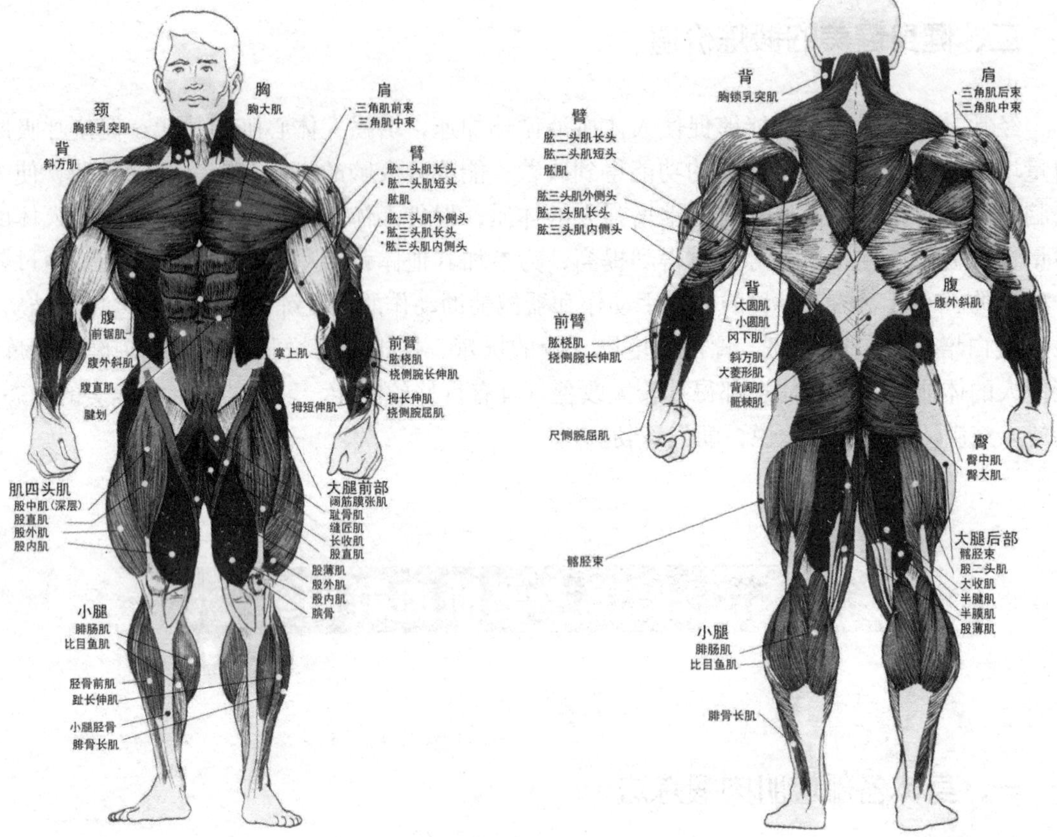

图 14-2-1

（1）负重深蹲。

【预备姿势】杠铃置于颈后肩上，两手松握横杠，抬头，挺胸，紧腰。

【动作过程】屈膝缓慢下蹲至膝关节角度略小于90°（图14-2-2）；稍停，再伸膝起立至预备姿势。

【动作要领】动作过程中，始终抬头、挺胸、紧腰，使杠铃垂直上升。意念集中在股四头肌和臀大肌上。

（2）跨举。

【预备姿势】杠铃置于两腿之间，两脚间距与肩同宽。屈膝下蹲，一手在身前握杠，另一手在身后握杠。（图14-2-3①）

【动作过程】上体正直，目视前方，保持挺胸、紧腰姿势，股四头肌、臀大肌用力使两腿伸直。（图14-2-3②）

【动作要领】下蹲和起立时，腰背要挺直，两臂伸直，不得屈臂和耸肩；起立时，完全依靠腿部力量；屈膝下蹲时，不可突然下蹲，应以股四头肌、臀大肌的力量控制杠铃缓缓下降。意念集中在股四头肌和臀大肌上。

图 14-2-2

①　　②
图 14-2-3

（3）坐姿腿屈伸。

【预备姿势】将哑铃或沙袋等重物系在踝关节处，坐于高凳上，小腿与地面垂直。

【动作过程】用股四头肌收缩的力量将小腿完全伸直，直到感觉股四头肌极度绷紧，稍停，而后还原成预备姿势；也可在专用器械上练习该动作。（图 14-2-4）

【动作要领】动作要有节奏，不可太快，一定要等小腿完全伸直、股四头肌极力收缩且稍停 1～2 秒后，再用股四头肌力量控制小腿缓缓放下。意念集中在股四头肌上。

图 14-2-4

2. 股二头肌的锻炼方法

股二头肌有两个头，长头起于坐骨结节，短头起于股骨粗线外侧唇下部，两头合并以长腱止于腓骨头。

（1）俯卧腿弯举。

【预备姿势】穿上锻炼专用铁鞋或将哑铃、沙袋等重物牢系在踝关节上；俯卧在长凳上，上身和大腿紧贴凳面，两手扶住凳子。（图 14-2-5）

【动作过程】以股二头肌收缩的力量将小腿弯起，直到感觉股二头肌极度绷紧，稍停，小腿缓缓下落至完全伸直；也可在专用器械上练习该动作。

【动作要领】做俯卧腿弯举时，腹部要始终紧贴凳面，臀部不能凸起。意念集中在股二头肌上。

（2）站姿腿弯举。

【预备姿势】站立，上体略前倾，穿上锻炼专用铁鞋或将哑铃、沙袋等重物系在踝关节上。

【动作过程】小腿弯起，尽量靠近臀部。（图 14-2-6）

【动作要领】动作节奏不可太快，待股二头肌极力收缩后，稍停，再缓缓放下。意念始终集中在股二头肌上。

图 14-2-5　　　　　　　图 14-2-6

3. 腓肠肌、比目鱼肌的锻炼方法

腓肠肌的内、外侧头分别起于股骨内、外侧髁后面。比目鱼肌起于胫骨和腓骨的后面上方。腓肠肌和比目鱼肌的肌腹在小腿中部合并向下形成跟腱，止于跟骨结节。

（1）站姿提踵。

【预备姿势】杠铃置于颈后肩上，腰、背、腿伸直，两手握住横杠。两脚分开约 20 厘米，以前脚掌站立于垫木上。

【动作过程】收缩小腿肌群，使脚跟尽量提起直至不能再提为止（图 14-2-7）；稍停，脚跟下降至最低点。

【动作要领】做动作时，要保持重心稳定；下降时，脚跟要低于垫木面。意念集中在小腿肌群上。

（2）坐姿提踵。

【预备姿势】坐在凳上，前脚掌踏在垫木上，脚跟需悬在垫木外，杠铃横杠置于腿上。

【动作过程】尽量向上提踵至脚跟不能再提高为止，小腿肌群极力收缩绷紧（图 14-2-8）；稍停，脚跟下降至最低点。

【动作要领】做动作时，杠铃横杠的位置要正对脚跟；脚跟下降时，要低于垫木面。意念集中在小腿肌群上。

图 14-2-7　　　　　　　图 14-2-8

（二）胸部肌肉锻炼法

胸部肌群主要包括两块肌肉，每一侧胸肌都是由胸大肌和胸小肌组成的。胸大肌从外形来看，分为上部、中部和下部。为了便于训练，我们将胸大肌分为四个部位，即外侧缘、上胸部、中间沟、下胸部。胸大肌起于锁骨内侧、胸骨前侧和第 1 至第 6 肋软骨，止于肱骨大结节嵴。胸小肌起自第 3 至第 5 肋骨前面，止于肩胛骨喙突。

在锻炼胸肌时，需要不同的动作从不同的角度对胸肌进行不同的刺激，才能使胸部肌肉既发达又有线条。

发达胸部肌群的锻炼方法如下。

1. 平卧杠铃推举

【预备姿势】仰卧于卧推凳上，两手握距稍宽于肩，杠铃的横杠置于胸部乳头上方部位，两脚平踏于地面。（图 14-2-9 ①）

【动作过程】将杠铃垂直上举至两臂完全伸直（图 14-2-9 ②）；稍停，缓缓将杠铃还原至预备姿势（也可用哑铃做）。

【动作要领】上推路线要垂直；意念集中在胸大肌上。

①　　　　②

图14-2-9

2. 仰卧飞鸟

【预备姿势】仰卧在长凳上，两脚踏于地面，上背部和臀部触及凳面，胸部用力向上挺起。两臂自然伸直，两手对握哑铃于肩关节的正上方，两手间距小于肩宽。

【动作过程】两手持铃向体侧缓缓落下，伴随着哑铃下降，两肘间角度逐渐变小。下降到极限时，肘关节成100°～120°角。以胸大肌主动收缩的力量将哑铃沿原路线升起，上升路线呈"弧形"，肘间角度逐渐加大，最后还原成预备姿势，肘关节角度成170°左右。（图 14-2-10）

【动作要领】肩、肘、腕始终在同一垂面内。意念集中在胸大肌和三角肌前束上。

3. 仰卧臂上拉

【预备姿势】上背部仰卧在凳面上，头部稍露出凳端，两腿弯曲；两脚分开，间距比肩稍宽；腰部放松，臀部尽量下沉，挺胸收腹。两臂后伸，肘关节角度为100°～120°，并与地面成水平位。两手于头下方用虎口托住哑铃一端，哑铃自然下垂。

【动作过程】以胸大肌的收缩力量将两臂向前夹拢，肘关节角度逐渐加大，至两臂垂直于地面时，两臂基本伸直，保持1～2秒，沿原路线返回，成预备姿势。（图 14-2-11）

【动作要领】做动作时，始终保持挺胸收腹，沉臀松腰，注意"夹胸"。意念集中在胸大肌上。

图 14-2-10　　　　　　　　　　　　　图 14-2-11

（三）背部肌肉锻炼法

背部肌肉主要有斜方肌和背阔肌。斜方肌位于颈后区和胸背区上部，起于上项线、枕外隆凸、项韧带及全部胸椎棘突，止于锁骨外 1/3、肩峰及肩胛冈。背阔肌位于胸背区下部和腰区浅层。背阔肌呈扇形，是宽阔平坦的三角形肌肉。它的起点范围较广，起于下 6 个胸椎棘突、全部腰椎棘突、髂嵴，其肌纤维附着于脊柱(从第 6 胸椎至骶骨)，然后绕行于肋骨骨架和上肢之间，止于肱骨小结节嵴，其上部肌纤维在到达肱骨以前，垂直向上行走，并附着于肩胛骨下角。

强壮发达的背部肌肉使上体呈 V 字形，并能使腰背挺直，塑造良好的体形。发达背部肌群的锻炼方法如下。

1. 站姿杠铃耸肩

【预备姿势】直立，两脚自然分开，两手间距与肩同宽握杠，掌心向后，两臂自然下垂于体前。

【动作过程】肩部尽量前倾下垂，两臂伸直不动，然后以斜方肌的收缩力量使两肩耸起并尽量接近两耳（图 14-2-12）；稍停，缓缓还原成预备姿势。

【动作要领】在做动作的过程中，两臂不得上提杠铃；臂部和两手仅起固定杠铃的作用；耸肩时，不得弯腰、驼背。意念集中在斜方肌上。

2. 正握引体向上

【预备姿势】两手正握单杠，握距与肩同宽，身体自然下垂。

【动作过程】用背阔肌收缩的力量，将身体拉起，直至下颌超过横杠上缘（图 14-2-13）；稍停，然后身体缓缓下降至两臂完全伸直。

【动作要领】在做动作的过程中，身体不能摆动。向上拉时，不能借助蹬腿力量，拉得越高越好。意念始终集中在背阔肌上。

图 14-2-12

图 14-2-13

3. 坐姿器械下拉

【预备姿势】正坐凳上，横杠位于头部正上方；两腿自然分开着地支撑，两手握住横杠，两臂完全伸直。

【动作过程】以背阔肌的收缩力量将拉杆垂直拉下，可分为向前拉和向后拉。向前拉至胸前第 3 至第 4 肋骨处，同时上体稍后仰，尽量抬头挺胸，两肩胛骨向脊柱靠拢，停留一两秒，然后沿原路线返回，成预备姿势（图 14-2-14）；向后拉至极限，尽量低头，停留一两秒，然后沿原路返回成预备姿势。

【动作要领】臀部始终不能离开凳面，防止利用体重降低练习难度；还原时速度要慢，并注意背部肌群的退让做功，控制还原动作。意念集中在背阔肌上。

图 14-2-14

4. 俯身划船

【预备姿势】俯立，两脚开立、与肩同宽，两腿微屈，上背部与地面平行，挺胸，收腹，紧腰，稍抬头，两手持杠铃自然下垂于肩关节下方。

【动作过程】以背阔肌收缩的力量将杠铃沿腿前提起至小腹前，同时抬头挺胸，背阔肌尽量收缩绷紧（图 14-2-15）；停留一两秒，然后沿原路线返回，成预备姿势。

【动作要领】杠铃拉至小腹前时，抬头挺胸，上体上抬 15°～ 20°。意念集中在背阔肌上。

图 14-2-15

（四）肩部三角肌锻炼法

肩部是否健美，主要看三角肌发达与否。三角肌是单一的一块扇形肌肉，而非三块独立的肌肉。三角肌的前束、中束附着于锁骨外侧和肩峰之上，后束附着于肩胛骨的肩胛冈，三束肌肉共同止于肱骨侧面的三角肌粗隆，几乎覆盖了肱骨长度的一半。

三角肌的锻炼方法如下。

1. 坐姿杠铃颈前推举

【预备姿势】直立或坐在凳上，两手正握杠，握距略宽于肩，使杠铃停于锁骨处。

【动作过程】以三角肌收缩的力量垂直向上推起杠铃，直至手臂完全伸直（图14-2-16）；停留一两秒，然后沿原路线返回，成预备姿势。

【动作要领】上体保持正直，不得借助腰腿力量。意念集中在三角肌前束上。

2. 坐姿杠铃颈后推举

【预备姿势】直立或坐在凳上，两手握住杠铃，置于颈后肩上，握距宽于肩。

【动作过程】以三角肌收缩的力量，将杠铃垂直向上推起，直到两臂完全伸直（图14-2-17）；停留一两秒，然后沿原路线返回。

【动作要领】做动作时，两肘始终保持外展，垂直向上推杠铃。意念集中在三角肌后束上。

图 14-2-16

图 14-2-17

3. 站姿哑铃侧平举

【预备姿势】直立，两手持铃，虎口向前，两臂自然下垂于体前。

【动作过程】以三角肌收缩的力量将哑铃由身体两侧向上提起，保持肘关节角度为100°～120°（图14-2-18）。当提至肘高于肩时，停留一两秒，而后沿原路线返回。

【动作要领】身体保持正直，不得借助腰臀摆动的力量。意念集中于三角肌中束。

图 14-2-18

（五）臂部肌肉锻炼法

臂部肌肉分为上臂肌和前臂肌。上臂肌主要包括肱肌、肱二头肌和肱三头肌。肱肌位于肱二头肌下半部的深层，为梭形扁肌，起于肱骨下半部的前面，止于尺骨粗隆。肱二头肌位于上臂前部，呈梭形，屈前臂时，清晰可见。肱二头肌有长、短两头，属于双关节肌肉。长头起自肩胛骨盂上结节，短头起自肩胛骨喙突，两个起点汇合成一个肌腹，止于桡骨粗隆和前臂筋膜。肱三头肌位于上臂后部，覆盖肱骨的后表面。肱三头肌由三个头组成，在上臂后部的内侧有长头和内侧头，外侧有外侧头，它们汇集成一个共同的肌腱止于尺骨鹰嘴。长头起自肩胛骨盂下结节，内侧头起自肱骨后部桡神经沟内下方骨面，外侧头起自桡神经沟外上方骨面。

前臂前侧的屈肌主要有桡侧腕屈肌、掌长肌、尺侧腕屈肌。前臂后侧的伸肌主要有尺侧腕伸肌、桡侧腕长伸肌、桡侧腕短伸肌。

1. 上臂肌锻炼法

（1）站姿杠铃反握弯举。

【预备姿势】两脚自然开立，两臂反握杠铃下垂于体前，握距与肩同宽。

【动作过程】上臂保持固定不动，以肘关节为轴弯起前臂，至杠铃几乎触及胸部为止，停留一两秒，再还原成预备姿势。（图 14-2-19）

【动作要领】弯臂时，上体切忌前后摆动。意念集中在肱肌、肱二头肌上。

（2）反握引体向上。

【预备姿势】两大拇指向外反握单杠，握距与肩同宽，两脚呈交叉状，身体呈悬垂状。

【动作过程】以肱二头肌收缩的力量，拉引身体，使胸部靠近横杠，停留一两秒，再循原路线下落，成预备姿势。（图 14-2-20）

【动作要领】在上拉过程中，不得借助腰腹的振摆来做动作。意念集中在肱二头肌上。

图 14-2-19   图 14-2-20

（3）俯立臂屈伸。

【预备姿势】俯立，上体与地面平行，一手拳眼向前屈肘持哑铃，上臂紧贴于体侧，前臂与上臂约成 90° 角。另一手抚膝或抚凳。

【动作过程】用肱三头肌收缩的力量，将前臂向后上方抬起，直至前臂与上臂成一直线，停留一两秒，再循原路线缓缓收下，成预备姿势。（图 14-2-21）

【动作要领】上体始终平行于地面，上臂紧贴于体侧。意念集中在肱三头肌上。

（4）重锤下压。

【预备姿势】略含胸收腹，两腿微屈，两臂完全弯曲反握，重锤把位于胸前乳头上方，上臂紧贴于体侧。

【动作过程】用肱三头肌伸展的力量，以肘关节为轴向下伸小臂，直至两臂完全伸直，停留一两秒，再循原路线返回成预备姿势。（图 14-2-22）

【动作要领】上臂始终紧贴于体侧。意念集中在肱三头肌上。

图 14-2-21   图 14-2-22

2. 前臂肌锻炼法

（1）坐姿杠铃反握腕弯举。

【预备姿势】坐在凳上，大腿与小腿约成 90° 角，两手掌心向上反握杠铃，前臂放于大腿上，腕部下垂于膝外。

【动作过程】用前臂肌收缩的力量，使手腕向上弯曲，直至不能再弯曲为止，停留一两秒，再循原路线返回，成预备姿势。（图 14-2-23）

【动作要领】手腕向上弯曲时，要尽量收缩前臂肌。意念集中在前臂屈肌群上。

（2）坐姿杠铃正握腕屈伸。

【预备姿势】坐在凳上，大腿与小腿约成90°角，两手掌心向下正握杠铃，前臂放于大腿上，腕部下垂于膝外。

【动作过程】用前臂肌伸展的力量，使手腕向上弯曲，直至不能再屈为止，停留一两秒，再循原路线返回，成预备姿势。（图14-2-24）

【动作要领】手腕向上伸时，尽力收缩前臂肌。意念集中在前臂伸肌群上。

图 14-2-23　　　　　　　　　　　　　　图 14-2-24

（六）腹部肌肉锻炼法

腹部肌肉主要由腹直肌、腹外斜肌和腹内斜肌构成。腹直肌起于耻骨上缘和耻骨联合处，并且有小的纤维束连于对侧肌肉和股内收肌，止于第5至第7肋骨的前弓和肋软骨，以及胸骨剑突。腹外斜肌以锯齿状肌束起自第5至第12肋骨的外侧面，后部肌纤维向下止于髂嵴，前部肌束移行为腱膜，经腹直肌的前面，参与构成腹直肌鞘的前层，止于腹白线。腹内斜肌起于胸腰筋膜、髂嵴及股骨弓，后部肌束几乎垂直上升，止于第10至第12肋骨下缘。前部肌束移行为腱膜，经锻炼形成腹直肌鞘前层和后层，止于腹白线。

腹部肌群的锻炼方法如下。

1. 悬垂举腿

【预备姿势】两手与肩同宽正握杠，身体下垂，与地面垂直。

【动作过程】用腹直肌收缩的力量，屈膝或直腿上举，超过水平面，停留一两秒，再慢慢还原，成预备姿势。（图14-2-25）

【动作要领】不得借助身体摆动的助力。意念集中在下腹部。

2. 仰卧起坐

【预备姿势】屈膝仰卧在练习凳上，两手扶于两耳侧。

仰卧起坐

【动作过程】用腹直肌收缩的力量，使上体前屈，直至两肘尖触及膝部，停留一两秒，再循原路线返回，成预备姿势。（图14-2-26）

【动作要领】上体前屈时动作要慢，不得后仰助力。意念集中在腹直肌上。

3. 站姿哑铃体侧屈

【预备姿势】两脚直立分开，稍宽于肩，右手掌扶后脑勺，左手拳眼向前持哑铃下垂于体侧。

【动作过程】上体尽量向左侧屈体至不能屈为止。做15～20次为一组，休息40～50秒后换另一侧做。（图14-2-27）

【动作要领】向左右侧屈体时，主要用腹外斜肌的收缩力将上体拉向一侧。不论向哪一侧屈体，均应屈至极限，不得有转体动作。意念集中在腹外斜肌上。

图 14-2-25   图 14-2-26

图 14-2-27

二、健美运动中常见的运动损伤及其预防

（一）常见损伤

在诸多竞技体育运动中，健美运动受伤的概率是相对较低的，但是体育运动的损伤也是健美运动获得成功的最大障碍。健美运动中常见的运动损伤如下：① 皮肤擦伤；② 软组织损伤，包括轻度撞伤、扭伤等；③ 外伤出血，包括体表的切伤、刺伤和撕裂伤；④ 骨折、脱臼；⑤ 意外事故造成的损伤。

（二）损伤的原因

（1）对运动损伤的危害性和预防运动损伤的重要性认识不足，未能积极地采取有效的预防措施。

（2）未做准备活动或准备活动不充分。在肌肉、关节、韧带没有活动开，各器官、系统机能未动员起来的情况下就进行较大强度的训练，很容易发生软组织拉伤和关节扭伤。

（3）准备活动与训练内容脱节。准备活动分一般准备活动与专项准备活动。有的人虽然做了准备活动，但针对性不强，没有针对运动的部位进行准备活动，导致主要的部位没有活动开，从而造成拉伤或扭伤。

（4）技术不正确。对健美锻炼的技术动作不了解，在肌肉练习中，违反肌肉收缩线路的规律。

（5）器械方面的原因。器械过重，锻炼中不遵循循序渐进原则，导致肌肉拉伤；锻炼前未仔细检查器械，如活动哑铃螺丝松动，做飞鸟练习时哑铃脱落，导致受伤；器械倾倒，对人体造成伤害。

（6）锻炼过于频繁。在健美锻炼中，同一块肌肉的练习必须间隔 48 小时以上。

（7）注意力不集中，健美锻炼要求想与练结合，练哪块肌肉时注意力应集中于哪块肌肉。如果边练边说笑，易造成运动损伤。

8. 带伤、带病训练。伤病时身体生理功能和运动能力下降，此时训练很容易因肌力较弱、反应迟钝、身体协调性差而受伤。

（三）常见运动损伤的预防

（1）提高认识，预防为主：在平时锻炼中认真贯彻"预防为主"的方针，加强对运动伤害的预防。

（2）认真做好准备活动：根据当天的锻炼部位，有针对性地做好准备活动，使各器官、系统适应运动需要。

（3）合理安排运动量：根据自己的身体状况，合理选择运动负荷。

（4）掌握正确的技术：认识正确姿势在锻炼中的重要性，了解并掌握正确姿势要领。

（5）做好整理活动：锻炼后做一些伸展性的放松练习，可以加速消除肌肉紧张状态。

（6）加强医务监督，提高自我保健意识：定期进行体格检查，以便及早发现隐患，采取针对性措施。

第三节　健美竞赛规则简介

一、竞赛场地

健美比赛要求在舞台上举行。如果在体育馆或有四面看台的场地内举行，必须挂有背幕和相应的舞台装置。

比赛台是健美比赛主要的舞台装置。比赛台的规格一般要求是长 8～9 米、宽 1.5 米、高 0.3 米。

二、竞赛规则简介

（一）分组

1. 按性别分组

健美比赛按性别可分为男子个人、女子个人、男女混合双人，还可增设男子集体造型和女子双人的表演赛。

全国健美冠军赛可组织全场冠军比赛，并增设下列特别奖的比赛：最佳胸肌奖、最佳臂肌奖、最佳三角肌奖、最佳腹肌奖、最佳背阔肌奖、最佳小腿三头肌奖、进步最快奖、最佳配乐表演奖。

2. 按年龄分组

健美比赛按年龄可分为少年组（18～19周岁）；青年组（21周岁以下）；成年组（21周岁以上）；元老组（男子40周岁以上，女子35周岁以上）。

（二）分级

1. 男子成年组体重分级

男子成年组按体重分为8个等级。

（1）羽量级：体重在60千克以下。

（2）雏量级：体重在60.01～65千克。

（3）轻量级：体重在65.01～70千克。

（4）轻中量级：体重在70.01～75千克。

（5）次中量级：体重在75.01～80千克。

（6）中量级：体重在80.01～85千克。

（7）轻重量级：体重在85.01～90千克。

（8）重量级：体重在90千克以上。

2. 女子成年组体重分级

女子成年组按体重分为3个等级。

（1）轻量级：体重不超过52千克。

（2）中量级：体重在52.01～57千克。

（3）重量级：体重在57千克以上。

男女混合双人和元老组不分体重级别。

（三）比赛服装

（1）男运动员必须穿规定式样的比赛三角裤。

（2）女运动员必须穿单色、不耀眼的、能完全显露出腹部和背部肌肉的比基尼赛服。

比赛服上不能带有花纹图案、商标和任何附加的装饰品，也不能带有闪光亮片。

（3）运动员的号码牌须牢固地挂在或缝在比赛裤的左前侧。

（4）运动员在比赛中不准穿鞋袜，不准戴手表、戒指、手镯、脚镯、项链、耳环、假发和其他装饰品；身上不准贴胶布或裹绷带；身上不准有刺青。女运动员的头发披下后不能超过肩部。

（四）称量体重

称量体重在预赛前一天进行。称量体重时，运动员必须穿比赛服，女运动员须持有性别证明，以接受裁判组检查。称量体重后，须交自选动作录音带。

（五）比赛时间

男子个人为60秒；女子个人为90秒；男女混合双人为120秒；集体造型为60秒；女子双人为120秒。

（六）比赛方法

1. 预赛的评选方法

预赛采取不评分方法，只根据规定人数挑选。每一级别参加复赛的运动员不得超过15人。若参加该级别预赛的运动员不足15人时，其复赛入选数量最多不超过参赛人数的2/3。若参加预赛的运动员不足6人，可不经预赛，直接进入复赛，打两次分，从中选出3人参加决赛。

2. 复赛（半决赛）的评分方法

复赛分第一轮和第二轮。经两轮复赛，并通过比较评分评出每个参赛运动员的名次分。把得分最高的运动员排为第1（即1分），次于第1的列为第2（即2分），一直排到最后一位。把9名裁判员评分中两个最高分和两个最低分去掉，将其余5名裁判员的分相加，即为每一名运动员的复赛得分。

3. 决赛的评分方法

裁判员根据预赛和复赛两个赛程的综合观察，对参加决赛的6名运动员，分别评出第1～第6名的名次分。计算方法同复赛。

4. 决赛的总分计算方法

把参赛运动员的复赛得分和决赛得分相加即为该运动员的决赛总分。分值小者名次列前。如遇决赛总分相等时，应以复赛和决赛评分中小分值多者名次列前。全场冠军的计分方法与其他级别决赛计分方法相同。

第十五章　民族传统体育和技击运动

第一节 24 式简化太极拳

一、24 式简化太极拳概述

24 式简化太极拳由国家体育运动委员会（现为国家体育总局）于 1956 年组织太极拳专家整编而成。它以杨式太极拳为基础，保留了传统太极拳的主要技术，去掉了繁难和重复的动作，按照由简到繁、由易到难的原则，首先安排直进动作，其次安排后退和侧行动作，重点动作安排左右式对称练习。24 式简化太极拳套路充分体现了太极拳动作柔和、缓慢、圆活、连贯的特点。整套动作分为 8 组，共 24 个动作，动作简练、易学易练。

二、24 式简化太极拳动作要领

第一组

1. 起势

头颈正直，下颌微收，身体放松，自然直立，收腹敛臀，气沉丹田，两臂自然垂于体侧。两臂上抬时配合吸气。两肩下沉，两肘松垂，手指自然微屈。屈膝，松腰，敛臀，身体重心落于两脚之间。两臂下落与身体下蹲的动作要协调一致。（图 15-1-1）

2. 左右野马分鬃

两臂分开时要保持弧形，弓步动作与分手动作的速度要协调一致；身体转动时，要以腰为轴带动上肢动作；转移身体重心时，上体要保持平稳，不可前俯后仰；胸部要放松舒展。（图 15-1-2）

图 15-1-1

图 15-1-2

3. 白鹤亮翅

两手抱球动作与右脚跟进半步要协调一致，身体重心后移与右手上提、左手下按要协调一致；做转动动作时要以腰带臂，做虚步动作时要收腹敛臀。（图 15-1-3）

第二组

4. 左右搂膝拗步

腿成弓步的同时，手掌向前推出；身体不可前俯后仰，要松腰、松胯；推掌时要沉肩垂肘、坐腕舒掌，同时推掌须与松腰、弓腿动作协调一致；成弓步时，两脚脚跟的横向距离约为 30 厘米。（图 15-1-4）

图 15-1-3

图 15-1-4

5. 手挥琵琶

以身体重心的转移来带动上肢动作，上下肢的动作要协调一致；左手上抬时，要由左向上、向前，微带弧形；身体平稳，动作自然，沉肩垂肘，胸部放松。（图 15-1-5）

6. 左右倒卷肱

前推的手臂要微屈，后撤的手随转体画弧；前推时要转腰、松胯，两

图 15-1-5

手的速度要均匀一致；转体时，前脚以脚掌为轴扭正；退左脚时略向左后斜，退右脚时略向右后斜，避免两脚落在一条直线上。（图 15-1-6）

图 15-1-6

第三组

7. 左揽雀尾

两臂掤出时，肘部微屈；分手、松腰、弓腿三个动作必须协调一致；成弓步时，两脚脚跟的横向距离约为 10 厘米。向前挤时，上体要正直；挤的动作要与转腰、弓腿相协调。身体重心右移时，要松腰、坐胯，两手收至腹前；向前推按时，两手须画曲线，按掌与弓腿应协调一致。动作结束时，腕部高与肩平，两肘微屈。（图 15-1-7）

图 15-1-7

8. 右揽雀尾

"右揽雀尾"的动作要领与"左揽雀尾"相同，只是左右相反。（图 15-1-8）

图 15-1-8

第四组

9. 单鞭

完成定势时，右肘稍下垂，左肘与左膝上下相对，两肩下沉；左手向外翻掌前推时，要随转体边翻边推，翻掌时，既不要速度太快，也不要最后突然翻掌；全部过渡动作要协调一致。如面向南起势，则单鞭的方向（左脚脚尖所指的方向）应为正东偏北约 15°。（图 15-1-9）

图 15-1-9

10. 云手

身体转动要以腰为轴，松腰松胯，上体保持自然正直，身体重心不可忽高忽低；两臂随腰的转动运转，动作自然圆活，速度缓慢均匀；下肢移动时，身体重心要稳，两脚前脚掌先着地再踏实，脚尖向前；视线随左、右手的运转移动；第三个"云手"中，右脚在最后跟步时，脚尖微内扣，以便接"单鞭"动作。（图 15-1-10）

图 15-1-10

11. 单鞭

此"单鞭"的动作要领与上个"单鞭"相同。

第五组

12. 高探马

上体左转与推右掌、收左掌协调一致；跟步转换身体重心时，上体保持自然正直，不要上下起伏。（图 15-1-11）

图 15-1-11

13. 右蹬脚

两手分开时，腕部与肩平；蹬脚时，左腿微屈，右脚脚尖回勾，力达脚跟；分手动作与蹬脚动作要协调一致，右臂与右腿上下相对。如面向南起势，则蹬脚方向应为正东偏南约 30°。（图 15-1-12）

图 15-1-12

14. 双峰贯耳

完成定势时，头颈正直，松腰松胯，两拳松握，沉肩垂肘，两臂均保持弧形。"双峰贯耳"的弓步和身体方向与"右蹬脚"相同。成弓步时，两脚脚跟的横向距离约为 10 厘米。（图 15-1-13）

15. 转身左蹬脚

"转身左蹬脚"动作要领与"右蹬脚"相同，只是左右相反。左蹬脚方向与右蹬脚方向成 180° 角，即左蹬脚方向为正西偏北约 30°。（图 15-1-14）

图 15-1-13

图 15-1-14

第六组

16. 左下势独立

左手、左小腿回收要协调一致；成仆步时，左脚脚尖与右脚脚跟踏在中轴线上。独立时，左腿微屈，上体要正直。右腿提起时，右手上挑。（图 15-1-15）

图 15-1-15

17. 右下势独立

右脚脚尖触地后再提起向下仆腿，其他动作要领均与"左下势独立"相同，只是左右相反。（图 15-1-16）

图 15-1-16

第七组

18. 左右穿梭

左右穿梭的方向分别为左斜前方约 30° 和右斜前方约 30°；架掌、推掌与弓腿动作要协调一致；上体保持正直。（图 15-1-17）

图 15-1-17

19. 海底针

身体要先向右转再向左转，完成定势后面向西，上体微前倾。（图 15-1-18）

图 15-1-18

20. 闪通臂

推掌、架掌与弓腿动作要协调一致；成弓步时，两脚脚跟的横向距离约为 10 厘米。（图 15-1-19）

图 15-1-19

第八组

21. 转身搬拦捶

向前冲拳时，右肩随拳略向前伸，沉肩垂肘，右臂微屈。（图 15-1-20）

图 15-1-20

22. 如封似闭

身体后坐时，应避免后仰，臀部不可凸出；两臂随身体后坐收回时，肩部、肘部略向外展，不可直臂抽回；两手推出时，两手间距不超过肩宽。（图 15-1-21）

图 15-1-21

23. 十字手

两手分开与合抱时，上体不要前俯；站起后，身体自然正直，头微向上顶，下颌稍向后收；两臂环抱时要圆满舒适，沉肩垂肘。（图 15-1-22）

图 15-1-22

24. 收势

两手分开下落时，全身放松，同时气徐徐下沉（呼气略加长）。呼吸平稳后，左脚并于右脚。（图 15-1-23）

图 15-1-23

第二节 舞龙和舞狮

一、舞龙和舞狮概述

（一）舞龙概述

中华民族视龙为神圣、祥瑞的象征。自古以来，我国人民尊龙敬龙，更是以舞龙的方式来祈求风调雨顺、丰衣足食、平安吉祥。舞龙风俗由来已久，距今已有 2000 多年的历史。舞龙是舞龙者手持龙珠、龙头、龙身和龙尾，在音乐伴奏下以大幅度的舞动来表现龙的各种腾跃、滚翻的姿态。珠引龙走，龙跟珠行，节节相随，快慢有序，形成各种巨龙腾跃的优美形态。有史料考证，舞龙祈雨早在先秦时期就开始流行，到了汉代已具有相当大的规模，且各地舞龙风格各异、独具特色，形式也十分讲究。

到了近代，随着华人的迁移，舞龙习俗传播到了世界各地。当今凡有华人聚居的地方，每到庆典和佳节常有舞龙助兴。舞龙作为中华民族的传统文化，也逐渐为世界各国所接受，并演变为颇具特色的一项体育运动。舞龙不但场面壮观，具有很强的观赏性，而且能提高练习者的速度素质、灵敏素质、力量素质、耐力素质等身体素质。

中国龙狮运动协会成立后，舞龙逐渐发展为竞技舞龙，这使舞龙运动在保持传统风格的基础上，走上了规范化、科学化和国际化的轨道，推动了世界各国舞龙运动的蓬勃发展。

舞龙的主要道具是用草、竹、木、纸、布等扎制而成的龙。龙的节数以奇数为吉利，多见 9 节龙、11 节龙、13 节龙，多者可达 29 节。15 节以上的龙，体大且重，不易舞动，主要用来观赏。这种龙的做工特别考究，具有很高的工艺价值。

（二）舞狮概述

舞狮有南狮和北狮之分。南狮又称醒狮，以广东狮最具代表性。表演时，两人扮一狮，前面一人两脚着地，两手举狮头，不时做出翻摆、抖动的姿态；后面一人弯腰屈背藏于一块由红布、蓝布或黑布制成的 2～3 米长的狮被内，随着狮头摆舞。南狮表演较注重形象，舞狮动作主要有上腿、站肩、坐头、上桩、桩上飞跃、连续飞舞、环回快走、壁虎功、翻滚、钢索、过桥等。其中，凌空横推进过三桩上单（双）腿、凌空推进接转体 180° 坐头、挂单桩悬挂接横跃钳双桩、钢索上 180° 连续回头跳等为难度较大的动作。

北狮相传是在约 1500 年前由西域传到中原的。北狮的狮身为全身覆盖型，扮狮队员的腿应作为狮子的肢体（即狮子的前后腿），扮狮队员的衣裤颜色要与狮毛的颜色一致，且衣裤上覆盖狮毛状装饰物，鞋为狮爪形。舞狮时，由两人合作扮狮，一般为 4 人扮两头狮，还有一人手持彩球，配以京鼓、京钹、京锣等乐声引狮子起舞。北狮的舞狮动作主要包括上肩、上腿、飞跃、回转、翻滚、倒立、接抛球等，以及引狮员的翻、腾、滚、跃等动作，双狮还要配合做造型。其中，梅花桩上站肩，狮头、狮尾双单足，连续飞跃 3.5 米以上接上腿，狮上坛子，引狮员上狮身旋转 360°，高台、梅花桩上倒立，高台、梅花桩接抛球等为难度较大的动作。

二、舞龙和舞狮的基本技术

（一）舞龙的基本技术

舞龙的技术动作主要分为五大类，即 8 字舞龙动作、游龙动作、穿腾动作、滚翻动作和组图造型动作。根据动作完成的难易程度，舞龙动作又可划分为 A 级难度动作、B 级难度动作和 C 级难度动作。

1. 8 字舞龙动作

8 字舞龙动作是指舞龙者将龙体在人体左右两侧交替做 8 字环绕的舞龙动作。8 字舞龙动作包括原地 8 字舞龙（图 15-2-1）和行进间 8 字舞龙（图 15-2-2）。做 8 字舞龙动作时，既可以根据锣鼓伴奏的节奏做快慢变化；也可以充分利用舞龙者的身体姿势变化，如在单跪、靠背、跳步、抱腰、绕身等身体姿势下，做各种不同的 8 字舞龙。做 8 字舞龙动作时，龙体的运动轨迹要顺畅、圆润，龙体的各种造型姿势要优美。快速舞龙要突出速度、力量，并保持龙体运行轨迹流畅。做 8 字舞龙动作时，动作不圆顺，队员的速度不一致，龙体运动与人体运动不协调、不统一等都会造成人龙脱节、龙体触地、舞动速度太慢等问题。

图 15-2-1　　　　　　　　　　图 15-2-2

2. 游龙动作

游龙动作是指舞龙者在快速奔跑游走过程中，通过龙体时高时低、时左时右、时快时慢的起伏行进，充分展现龙的辗转回旋、左右盘翻、屈伸绵延等动态特征的一类舞龙动作。游龙动作主要包括直线行进、曲线行进、走圆场、起伏行进、行进中越障碍等。龙体在行进中应成圆弧状或曲线状，舞龙者应随龙体起伏协调地行进。（图 15-2-3）

图 15-2-3

3. 穿腾动作

穿腾动作包括穿越和腾越两种方式。龙体运行线路成交叉式，龙珠、龙头和龙身各节依次从龙身下穿过，称为穿越。龙珠、龙头和龙身各节依次从龙身上越过称为腾越。穿腾动作主要包括穿龙尾、龙穿身、越龙尾、首尾穿肚、穿尾越龙身、腾身穿尾、龙脱衣、龙戏尾等。在做穿腾动作时，龙形应保持饱满，舞龙动作应流畅、不停顿，速度应均匀，同时龙身不触地，且舞龙者不能碰踩龙身。

4. 滚翻动作

当龙身运行到舞龙者脚下时，舞龙者利用滚翻、手翻等动作从龙身上方越过，称为滚翻动作。在做滚翻动作时，舞龙者必须在不影响龙身运行速度、幅度和美感的前提下及时完成。滚翻动作应干净利索、规范准确，确保龙身运行轨迹流畅圆顺、龙形饱满，不受影响。

5. 组图造型动作

组图造型动作是指使龙体在运行过程中组成动态图案或静态造型的舞龙动作。要求动态图案画面清晰；静态造型形象逼真、以形传神、以形传意，与龙珠配合协调。组图造型变化间的连接和松解要紧凑、利索。组图造型动作主要包括龙门造型、塔盘造型（图 15-2-4）、龙出宫造型、龙舟造型、上肩高塔造型、龙尾高翘（图 15-2-5）、组字造型、大横 8 字花慢行进等。

图 15-2-4

图 15-2-5

（二）舞狮的基本技术

1. 狮头的握法

（1）单阴手：单手握狮头，手背朝上，拇指托狮舌，其余四指握在狮舌上方。

（2）单阳手：单手握狮头，手心朝上，拇指托狮舌，其余四指下托狮唇，并且握住狮舌中间或一侧部位。

（3）双阴手：握法与单阴手相同，只是用两手握于狮舌两侧口角处。

（4）双阳手：握法与双阴手相反，两手拇指在狮唇上方口角处，其余四指下托狮唇。

另外，根据舞狮神态表演的需要，狮头握法还有开口式、闭口式等。

2. 狮尾的握法

（1）单手握法：舞狮尾者单手拇指插入舞狮头者的腰带，其余四指轻抓腰带；另一手可做摆尾等动作。

（2）双手握法：舞狮尾者双手拇指插入舞狮头者的腰带；做各种动作时，其余四指应紧握腰带。

3. 基本步法

（1）上步和退步：两脚平行站立，一只脚向前进步，另一只脚跟上，即上步（图15-2-6）；反之为退步。

图 15-2-6

（2）侧步：包括左侧步和右侧步。两脚平行站立，左（右）脚向左（右）侧跨一大步，右（左）脚跟上，即左（右）侧步。（图15-2-7）

图 15-2-7

（3）交叉步：包括左交叉步和右交叉步。移动方向的异侧脚向移动方向一侧跨出一大步（与另一腿交叉），另一只脚随即向移动方向一侧跨出一步，两脚成平行站立。（图15-2-8）

（4）跳步：跳步没有具体的要求，可随舞狮的方向任意跳跃，可单脚跳，也可双脚跳。

除以上步法外，舞狮的基本步法还有单跳步、跨跳步、击步、碎步、并脚直立跳、双飞脚、打转身等。

图 15-2-8

4.舞狮的基本动作

（1）摇头摆尾：两人站在原地，舞狮头者不断地将狮头东摆西摇，舞狮尾者随狮头的摆动协调地摆尾。（图15-2-9）

图 15-2-9

（2）叩首：两人一组，舞狮头者将狮头持于头上，用小碎步快速向前跑动，在跑动的过程中将狮头举起，并不停地左右摇头和眨眼；舞狮尾者低头塌腰，两手搂住舞狮头者的腰部，以小碎步或左右摆尾跟随行进。之后，两人以同样的小碎步动作退回，相互配合做狮子叩首动作。动作方向为先左后右，最后向中间叩拜。叩拜时，下肢伴随做小跳步动作。

（3）翻滚：两人一组，舞狮尾者抓住舞狮头者腰的两侧，身体重心下降，屈腿半蹲，一脚用力蹬地，向一侧滚动；翻滚时，舞狮头者须将狮头举高。

第三节 花样跳绳

一、跳绳概述

（一）跳绳的起源

跳绳在中国历史悠久。南宋以来，每逢佳节都有跳绳活动。在唐朝，人们称跳绳为"透索"；在宋朝，人们称其为"跳索"；在明朝，人们称其为"跳白索"；在清朝，人们称其为"绳飞"；清末以后，人们才称其为"跳绳"。明代《帝京景物略》记载："二童子引索略地，如白光轮，一童子跳光中，曰跳白索。"这句话是形容两个小孩摇绳配合得很熟练，把长绳摇得犹如一轮白色光轮，在中间跳绳的孩童就好像在光轮中跳动。此句话非常形象地将两人摇长绳、一人在中间跳的场景描述了出来。跳绳原属于庭院类游戏，后发展成为民间竞技运动。

（二）跳绳的锻炼价值

1. 生理方面

（1）跳绳可以锻炼人体多处脏器。跳绳能增强人体心血管系统、呼吸系统和神经系统的功能，可以预防糖尿病、关节炎、肥胖症、骨质疏松症、高血压、肌肉萎缩、高脂血症、失眠、抑郁症、更年期综合征等。

（2）跳绳可以强化人体各器官的功能，尤其对肠胃功能有助益，能促进肠胃的消化、吸收。

（3）跳绳可以全面提高身体素质。跳绳虽看似简单，却是一种全身运动，可使腕、臂、腰、腿、踝都得到锻炼，使力量素质、速度素质、灵敏素质、耐力素质等各项身体素质得到提高。摇绳可练臂力，快摇快跳可练速度，多次连续跳可练耐力，花样跳、集体跳可练灵敏性和协调性。因此，跳绳不仅是一项游戏，还是一种辅助训练方法。

2. 心理方面

（1）跳绳能培养学生的专注力，而专注力是学生进行有效学习的前提。在进行花样跳绳时，学生在做每个动作的同时，不仅要关注这一个动作，还要思考下一个动作，这就需要注意力的高度集中。跳绳练习可以有效帮助学生集中注意力。

（2）跳绳有助于培养学生的合作意识和团队精神。在多人参与的跳绳运动之中，参与者既要知道自己该怎样跳，又要知道他人该怎样跳；不仅要自己跳成功，还要帮助、配合他人跳成功。因此，学生要知晓团队的整体目标，培养团体合作的观念，培养团队精神，并最终形成互助互爱的集体主义精神。

二、跳绳技术

（一）短绳跳

1. 基本技术

（1）握绳的方法。两手拇指与其余四指分开，握在绳把上，用力不可过大，手腕不宜过分紧张，以保证摇绳的灵敏性。

（2）摇绳的方法主要分为正摇和反摇。

正摇：两手握绳把，两臂自然屈曲，将绳置于体后，手腕与手臂协调用力，将绳向上、向前抡起。当绳被抡至头以上位置时，两臂不停顿，继续向下、向后抡绳，两脚跳起过绳，使绳绕身体周而复始地转动。初学者可以两肩为轴，两臂、两腕同时用力摇绳，以加大抡绳幅度。技术熟练后，可逐渐减小抡绳幅度，以两肘为轴，用两前臂和两腕配合摇绳。十分熟练后，可仅以两腕转动来摇绳。停绳时，当绳由后向前摇转时，一脚向前伸，脚跟着地，前脚掌抬起，使绳的中段停在脚掌下。

反摇：基本动作要领与正摇相同，只不过反摇是先将绳置于体前，两手将绳由体前向上、向后摇动。

（3）跳跃方法和姿势。当绳摇至两脚前，即将触及地面时，两脚立即起跳，待绳子通过脚下后，两脚自然落地。两脚落地时，宜用前脚掌着地，避免全脚掌重重地砸落在地面上。以前脚掌着地既可以起到缓冲作用，避免膝关节、踝关节因冲击受到损伤，也可以保护大脑不受震荡。两脚跳起时，身体应自然放松，两腿应稍屈。

2. 单人跳

（1）双脚并跳：准备跳时，两手分别握绳把，将绳子置于身后，绳的中部约置于小腿位置，上臂与前臂夹角约为120°，两臂处于自然屈曲状态。动作开始后，两腕同时用力并配合前臂发力，将绳由体后摇至体前。当绳子触地时，两脚及时起跳，在绳通过脚下后，两脚同时落地。继续摇绳，当绳从体后往体前摇转一周再次触地时，两脚及时跳起使绳通过。（图15-3-1）

（2）双脚交替跳：准备姿势和跳绳的方法与双脚并跳相同，只是起跳时左右脚轮流交替过绳，跳绳时类似在原地跑，两脚轮流蹬地跳。（图15-3-2）

（3）一步跑跳：一步跑跳的准备姿势与双脚并跳相同。动作开始后，像平时跑步一样向前跑，每向前摇绳一圈就跳一步，使绳在脚下通过，动作熟练后可进行快速跑、快速摇的练习。

（4）固定交叉单摇跳：俗称单凤花、编花跳。两臂向前摇绳，待绳通过脚下后，两臂迅速在胸前交叉，利用手腕的力量连续转动绳子，两脚及时跳起使绳通过。（图15-3-3）

图15-3-1

图15-3-2

图15-3-3

（5）交替交叉单摇跳：俗称单摇龙花、活编花跳。两臂向前摇绳时稍分开，当绳摇至体前时，两臂迅速在体前交叉，摇绳通过脚下后，两臂立即分开，再次摇至体前时，两臂再交叉，依次、连续跳。初学者可每隔一跳或几跳编花一次。两臂在体前交叉时要交换左右手的上下位置。（图15-3-4）

图 15-3-4

（6）双脚轮换交替交叉单摇跳：用双脚交替跳的方法进行交替交叉单摇跳。

3. 带人跳

带人跳是指一人跳绳时，其他伙伴不拿绳，而是随同带人者（即摇绳者）的节奏与带人者跳同一绳。可一人带一人跳，也可一人带两人或多人跳。带人跳时，绳要稍长，但仍属于短绳跳。

（1）一带一跳：分为固定一带一跳和活上绳一带一跳。

固定一带一跳：带人者持绳并将绳置于身后，被带者面对带人者站立。带人者摇绳，当绳摇到被带者脚下时，两人同时起跳，先后过绳，连续如此跳绳。一般带人者身材稍高于被带者比较容易成功。

活上绳一带一跳：带人者先做正摇跳，被带者站在一旁，观察、体会带人者摇绳的节奏，把握时机；待带人者将绳摇至脚下跳过之后，趁绳在其体后的时机，被带者快速跑到带人者身前；待绳从带人者身后经两人头上摇至脚下时，两人齐跳过绳。绳过脚下数次后，被带者可从正在摇动的绳中跑出。

（2）一带二跳：分为固定一带二跳和活上绳一带二跳。

固定一带二跳：带人者前、后各有一名被带者，开始跳绳前，带人者将绳置于站在身后的被带者的身后。然后正摇绳，三人随着摇绳的节奏一齐跳绳。

活上绳一带二跳：带人者首先自己做正摇跳，带人者前、后的同侧各站一名被带者，被带者观察、体会带人者的摇绳节奏，把握时机；待带人者将绳摇至适当的位置时，两名被带者分别用正上绳和反上绳的方法同时快速跑到绳内，三人一齐连续跳。跳过数次后，两名被带者同时从正在摇动的绳中跑出。

（3）一带一钻绳洞跳：被带者采用活上绳的方法上绳，带人者与被带者先齐跳若干次以调整节奏。随后带人者将一侧手臂抬高摇绳，被带者弯腰从带人者抬高的一侧手臂下快速钻跑到其身后，当绳恰好摇到带人者身后时，被带者应已钻到带人者身后正中位置，待绳摇至脚下时，两人一齐跳过。跳若干次之后，被带者再从带人者抬起摇绳的手臂下钻到其身前，待绳摇至脚下时两人及时起跳。如此一钻一跳，一跳再钻，被带者好像从由绳形成的小洞中钻进钻出，因此这种跳法又称为钻绳洞跳。

（4）一带二钻绳洞跳：带人者先做正摇跳，两名被带者站在带人者的一旁（一前一后）

观察，体会其摇绳的节奏，把握时机。趁绳在带人者身后（前）的时机，被带者快速跑到带人者身前（后）；然后，在前面的被带者从一侧向后钻，在后面的被带者同时从另一侧向前钻。两人可沿顺时针方向钻，也可沿逆时针方向钻。带人者的两臂均应抬高摇绳，以便被带者顺利钻过。必须注意两名被带者不能往同一个方向钻，以免相撞。

（5）转带跳：带人者与被带者相对而立。第一跳为带人跳；第二跳时，带人者移到被带者左侧，自己单独跳，而被带者在原地与其同节奏空跳一次；第三跳时，带人者则移到被带者背后，两人背对背齐跳一次；第四跳时，带人者则转到被带者右侧，带人者单独跳，被带者原地空跳一次；第五跳时，带人者已回到原来的位置上，两人进行一带一跳。（图15-3-5）

图 15-3-5

4. 车轮跳

车轮跳又名中国轮，它是一种两人相互配合、轮流进行跳绳的新型跳绳方法。因这种跳法是两人轮流进行跳绳，从侧面看就像车轮在转动，故称为车轮跳。

（1）基本车轮跳：两人同向并排站立，相距约50厘米，各自握一条绳，两人将内侧的绳把交叉互换，交替摇绳跳过。这种跳法要求摇绳的手臂一上一下，两绳所在的两个平面始终成180°角，对两人的协调性要求较高。开始时，可以先练手臂摇绳的动作，再练手脚配合。（图15-3-6）

图 15-3-6

（2）换位半周车轮跳：以基本车轮跳动作开始，两人协同配合摇绳，进行往返互换相对

位置。在恢复基本位置停绳后，即完成一个完整的换位半周车轮跳动作。（图 15-3-7）

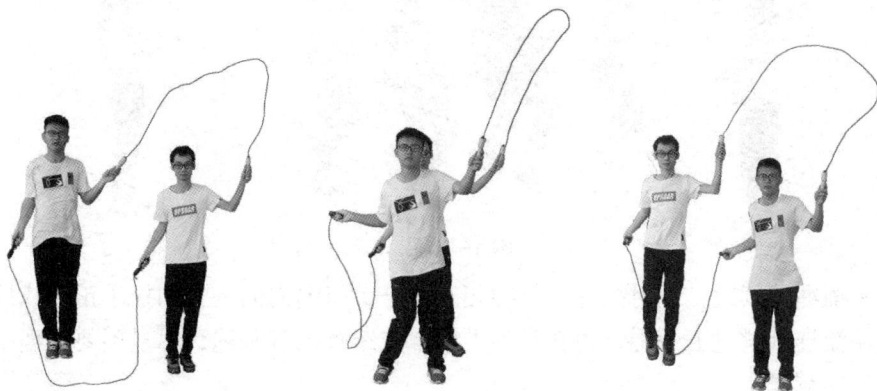

图 15-3-7

（二）长绳跳

1. 基本要求和注意事项

（1）基本要求：绳的长短依跳绳者的数量而定。摇绳者的身高基本一致，动作协调一致。在摇动的绳触及地面的一刹那，跳绳者必须同时起跳，使绳从脚下通过。跳长绳对于摇绳者的技术要求较高，如果摇绳技术好，跳绳者跳起来会比较容易。因此，摇绳者应注意力集中，注意摇绳的速度、节奏，主动配合跳绳者。

（2）注意事项：长绳的进绳方法是采用活上绳法，需要一步跨到绳中间，动作幅度较大，为防止脚踝受伤，跳绳者应充分做好准备活动。

2. 基本跳法

（1）正上绳法：跳绳者面对绳站立，当绳触及地面后向远端上方飞起时，跳绳者跑步到绳中间，在绳从自己头上摇至身旁再次触及地面的瞬间，及时跳起过绳。

（2）反上绳法：跳绳者面对绳站立，当绳摇至最高位置即将向远端下方落下时，跑进绳内，当绳摇至脚下时及时跳过。反上绳法就好像是追随摇动的绳子而跑进一样。

3. 各种变换跳法

（1）长绳单人跳：俗称跳大绳。两名摇绳者持绳相对而立，跳绳者站在摇绳者的任意一侧，做好上绳准备。当绳摇起到适当位置后，跳绳者上绳，连续跳起过绳。

（2）依次进长绳集体跳：所有跳绳者排队站在绳子一侧做好跳绳准备，摇绳者持绳站好。摇绳者把绳摇起，所有跳绳者依次上绳（图 15-3-8），待所有跳绳者全部上绳后再依次下绳。

图 15-3-8

（3）平衡绳连续跳：五对摇绳者持绳相对而立，将绳向同一方向摇（正摇或反摇），跳绳者列队轮流连续跳过五条绳，再转身反上绳，连续跳过五条绳，尽量不要在绳中间等待，中间不允许摇空绳。

（4）长绳"8"字跳：两名摇绳者持绳站好，间距不小于 3.6 米，跳绳者贴近一名摇绳者站成一路纵队。开始跳时，跳绳者以"8"字路线以正上绳和反上绳的方法跑入绳中跳跃，首位跳绳者上绳后，后面的同伴紧随其后，依次上绳。跑动的路线与摇绳者之间的连线夹角应尽量小。过绳的方法一般采用两步上下法（一步上，一步下）。步子应小且快，跳起高度低，单脚落地，迅速由跳转为向绳下跑。

（5）交替对摇绳连续跳：两名摇绳者持两绳相对站立，同时交错对摇两条绳，一条绳按顺时针方向摇，另一条绳按逆时针方向摇。开始时，两人应商定先摇哪一条绳。当这条先摇的绳转至上方最高点时，另一条绳转至最低点，如此，两绳一上一下地交错摇动。摇绳时，绳打地之后两人应尽量向外用力摇转，避免两绳搭在一起。两人摇绳的速度、发力应协调一致。跳绳者在绳转动区内跳绳，要注意观察靠近自己的这条绳，不必考虑另外那条绳，及时跳越交错摇过的两条绳。可双脚并跳，也可以两脚交替跳。下绳的方法同上绳一样，也应以一条绳为目标。若跳绳次数为单数，则可从上绳侧跑出；若跳绳次数为双数，则可从上绳的对侧跑出。（图 15-3-9）

图 15-3-9

（6）长绳中跳短绳：两名摇绳者持绳相对而立，跳绳者将一条短绳放在肩上或将绳缠在手上，站在绳外观察、体会长绳的节奏，把握时机。待摇绳者将绳摇至适当位置时，跳绳者快速跑到长绳中间，调整好跳绳的节奏，同时摇动短绳，使长绳、短绳保持同一节奏。跳绳者跳起一次，长绳、短绳同时穿过脚下。（图 15-3-10）

图 15-3-10

（7）多绳重叠跳：俗称彩虹绳。两名摇长绳者持绳相对而立，跳中绳者将绳缠在手上，跳短绳者将绳放在肩上，均站在绳外观察、体会长绳的节奏，把握时机。待摇长绳者将绳摇至适当位置时，持中绳者快速跑到长绳中间，摇动手中的中绳，与长绳保持同一速度、节奏，边摇边跳。齐跳数次后，持短绳者再跑进长绳、中绳中，摇动手中的短绳，与长绳、中绳同套在一起，以长绳摇动为主导，中绳、短绳与之配合，使三条绳子同时着地（图 15-3-11）。齐跳数次后，按上绳的顺序，逆序下绳。

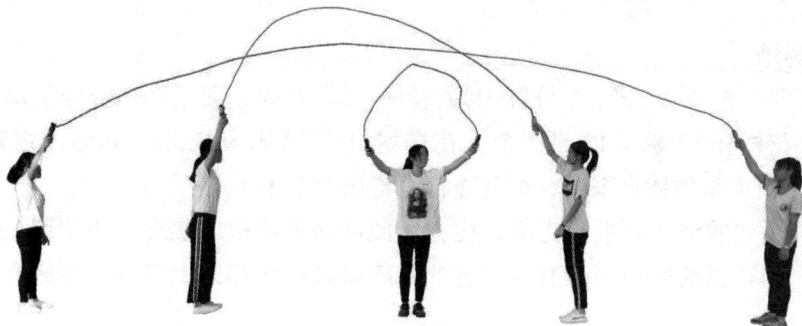

图 15-3-11

（8）双绳连环长绳跳：四名摇绳者成一条直线，两绳相互交叉，间隔的两人持一绳，四人同时摇绳，两端的摇绳者只摇不跳，中间的摇绳者边摇边跳。

（9）长绳波浪跳：俗称S绳，两名摇绳者持绳相对而立，一名摇绳者先摇动绳子；摇绳接近半周后，另一名摇绳者迅速向同一方向摇绳，使绳形成波浪状；跳绳者在波浪绳中完成上绳、下绳的动作。

（10）长绳波浪绳中跳短绳：两名摇绳者持绳相对而立，两名跳绳者手持短绳站在一旁等待。开始摇绳时，一名摇绳者先摇绳，当摇绳接近半周后，另一名摇绳者迅速向同一方向摇绳，使绳成波浪状。两名跳绳者寻找适当的时机迅速进入波浪绳内，调整好跳绳的节奏，同时摇动短绳，使短绳与自己一侧的长绳保持同一节奏。跳绳者在波浪绳中完成上绳、下绳的动作。

三、跳绳竞赛规则简介

（一）裁判人员组成

比赛设总裁判长 1 人，竞赛长 1 人，副裁判长 1～3 人。

比赛设执行裁判组、编排记录组和检录组。

执行裁判组分为计数赛裁判组、花样集体自编赛裁判组、规定赛裁判组。其中，计数赛每块场地由 3 名计数裁判员担任裁判工作，其中 1 人为主裁判；花样集体自编赛和规定赛分别由 10 名/7 名裁判员担任裁判工作。

编排记录组设编排记录长 1 名，编排记录员 2～3 人，联络员 3 人，宣告员 1 人。

检录组设检录长 1 人，检录员 3 人，赛后管理 2 人。

（二）比赛场地及比赛器材

1. 比赛场地

计数赛场地：5 米×5 米；3 分钟 10 人长绳 "8" 字跳，要求两名摇绳运动员的间距不小于 3.6 米；花样赛 12 米×12 米；个人花样规定赛 12 米×12 米；其他规定赛不小于 15 米×15 米；小、大型集体自编赛，交互绳自编赛场地不小于 15 米×15 米。

正式比赛场地的地面须平整光滑，应为优质运动木地板或跳绳专用塑胶场地，无影响比赛的隐患。比赛场地四周至少有 3 米宽的无障碍区；比赛区上空的无障碍空间，从地面至少高 4 米。

比赛场地界线宽为 5 厘米，线宽不包括在场地内，颜色应与场地有明显区别。

裁判席设在独立的裁判区内。裁判区为比赛场地周围 3 米区域，离观众席至少 2 米。裁判区与观众席保持一定距离，互不干扰。

2. 比赛器材

比赛用绳必须达到符合人体安全的环保要求（无毒、无害、无异味），比赛用绳可做适当修饰，但不得有安全隐患和影响裁判员判断的饰物。

在个人绳的比赛中，每名运动员只能使用一根绳子；在车轮跳、交互绳的比赛中，每队只能使用一副（两根）绳子。

在集体自编赛中，长度在 6 米以上的绳子才能算作长绳，上场前由主裁判测量。

（三）速度赛项目及技术要求

1.30 秒单摇跳

运动员双手摇绳，每跳起一次，绳体向前跃过头顶并通过脚下绕身体一周（360°），称作单摇跳。

技术要求：运动员须使用单摇双脚轮换跳（幼儿跳绳竞赛除外）的方式完成动作；累计运动员右脚成功的次数，乘以 2 即为运动员的应得次数。

2. 3分钟单摇跳

按照规则的要求，运动员在 3 分钟时间内完成尽可能多的单摇跳。

技术要求：同 30 秒单摇跳。

3. 30秒双摇跳

运动员双手摇绳，双脚同时起跳，每跳起一次，绳体跃过头顶并通过脚下绕身体两周（720°），称作双摇跳。

技术要求：运动员须使用并脚跳的方式完成动作；累计运动员成功完成双摇的次数为该运动员的应得次数。

4. 2×30秒双摇跳

两名运动员在 60 秒不间断的时间内，按照先后顺序依次完成 30 秒双摇跳绳接力。

技术要求：两名运动员必须使用并脚跳方式完成动作；累计两名运动员成功完成双摇的次数为该队的应得次数。

5. 连续三摇跳

运动员双手摇绳，双脚同时起跳，每跳起一次，绳体跃过头顶并通过脚下绕身体三周（1080°），称作三摇跳。

技术要求：连续三摇跳是指运动员在出现第一个三摇跳开始，一次性不间断完成尽可能多的三摇跳，起跳可以有过渡动作，但中间不能间隔或变换其他动作；计算运动员一次性完成三摇跳的次数为该运动员的应得次数。

6. 4×30秒单摇接力

4 名运动员在 120 秒不间断的时间内，按照先后顺序依次完成 30 秒单摇跳绳接力。

技术要求：4 名运动员必须使用单摇双脚轮换跳的方式完成动作；累计 4 名运动员右脚成功的次数，乘以 2 即为该队的应得次数。

7. 60秒交互绳速度

60 秒交互绳速度，即两名摇绳者和一名跳绳者，跳绳者 60 秒内在交互绳中完成尽可能多的双脚轮换跳。

技术要求：跳绳者在交互绳中必须采用双脚轮换跳跳法，其他跳法不计数；摇绳者必须采用正向（双手依次向内）摇绳，其他摇法均不计数；累计运动员右脚成功的次数，乘以 2 即为该运动员的应得次数。

8. 4×30秒交互绳单摇接力

4×30 秒交互绳单摇接力，即为 4 名队员在 120 秒时间内，按照先后顺序依次以 30 秒接力的形式轮流摇、跳交互绳，跳绳者在交互绳中完成尽可能多的双脚轮换跳。

技术要求：4 名运动员均必须采用双脚轮换跳跳法，其他跳法不计数；摇绳者必须采用正向（双手依次向内）摇绳，其他摇法均不计数；累计 4 名运动员右脚成功的次数，乘以 2 即为该队的应得次数。

9. 3分钟10人长绳"8"字跳

在 3 分钟时间内，两名运动员同步摇单长绳，其他 8 名运动员依次以"8"字路线绕摇绳队员，并尽可能多地完成跑跳进出绳。

技术要求：两名摇绳运动员两脚间距不小于 3.6 米，运动员必须依次"8"字型跑跳穿越长绳；累计运动员成功过绳次数为该队的应得次数。

10.1分钟10人长绳集体跳

在 1 分钟时间内，两名运动员同步摇单长绳，其他 8 名运动员集体在绳中跳绳，绳子同时通过 8 个人头顶和脚下，并尽可能多地完成集体跳绳次数。

技术要求：运动员在指定的场地内比赛为有效动作；累计 8 名运动员同时成功过绳次数为该队的应得次数。

11.30秒一带一单摇跳

一名运动员双手摇绳，另一名运动员在持绳队员体前（或者体后），每跳起一次，绳同时跃过两名运动员头顶并通过脚下绕身体一周（360°），称作一带一单摇跳。

技术要求：摇绳运动员参照单摇跳的方式完成动作；累计两名运动员同时成功过绳次数为该队的应得次数（记摇绳者）。

12.30秒两人协同单摇跳

两名运动员各持一个手柄，绳同时跃过两名运动员头顶并通过脚下绕身体一周（360°），称作两人协同单摇跳。

技术要求：两名运动员参照单摇跳的方式完成动作；累计两名运动员同时成功过绳次数为该队的应得次数。

13.30秒三人和谐单摇跳

两名运动员各持一手柄摇绳（摇绳者不跳），第三名运动员在绳中做单摇跳绳，称作三人和谐单摇跳。

技术要求：跳绳运动员须使用单摇跳的方式完成动作；累计跳绳运动员成功过绳次数为该队的应得次数。

14.30秒间隔交叉单摇跳

运动员双手摇绳，第一次单摇过绳为双手体前交叉，第二次单摇过绳为直摇，两个动作先后完成为成功一次，称作间隔交叉单摇跳。

技术要求：跳绳运动员须使用单摇跳的方式完成动作；累计运动员成功完成的间隔交叉的组数为该运动员的应得次数（记交叉次数）。

第四节　空手道

一、空手道概述

空手道是一项起源于中国、成长于日本、发展和流行于世界的体育运动，受到全世界范围内不同年龄段的练习者的喜爱。在 2020 年东京奥运会上，该项目成为奥运会正式比赛项目。空手道利用拳、腿、摔 3 种技法展现运动技能，以"寸止"为练习的准则，探索人格上的勤奋、真诚、完美、谦虚和自我约束与控制。因此，练习空手道是一场身心的修行。

1990 年，上海体育馆开设了第一家空手道训练班，标志着空手道正式在中国推广。2006 年，国家体育总局正式启动空手道项目，并进行大力推广。2007 年，中国正式加入世界空手道联盟和亚洲空手道联盟，并成立了国家空手道队。2008 年，中国空手道协会正式成立。同年，国家空手道队首次参加了在马来西亚举行的亚洲空手道锦标赛，并获得了 3 枚金牌。2009 年，在空手道世界青年锦标赛上，中国选手吴秋凤获得了中国空手道队的首枚世界金牌。2010 年，李红获得了第 20 届世界空手道锦标赛冠军，实现了中国空手道项目在此项世界赛事上零金牌的突破。目前，我国空手道的整体竞技水平在世界范围内已不容小觑。

空手道具备竞技性、观赏性、趣味性、身心兼修性等特征，非常适宜在校园内推广。随着国家大力推进全民健身、全力关注学校体育，这项备受青少年喜爱的格斗对抗项目已在我国大中小学快速地发展起来。

二、空手道基本技术

在施展空手道技术时，练习者要谨慎选择时机，切勿因执念而使身体在对抗过程中轻易失去重心，动作要干净利落、灵活隐蔽、准确高效。练习者在对抗过程中应注意呼吸的调整和攻防的节奏；在技术交流过程中应注意保护对手，礼始礼终，勿失禅心。

（一）基本格斗势站架

在格斗对抗过程中，基本格斗势站架是攻防实施的基础，也是试探进攻时机、把控进攻距离的前提。

【动作要领】两脚开立，间距与肩齐宽，任意脚后撤与肩等长的距离。前脚脚尖内扣，后脚脚尖外展，躯干随脚尖方向侧转至一侧腰腹对着正前方。前手（指位于前面的手臂，下同）的上臂与前臂折叠成 90°～130° 角，手的高度不超过头；沉肘时要保护好侧肋和头部。后手（指位于后面的手臂，下同）屈臂于腹前，保护好腹部。两膝自然弯曲，降低身体重心，集中注意力。

1. 低重心站架

低重心站架常见于近距离对抗较量的过程中，便于技术的施展及对抗，两脚开立的距离应较宽，以使身体重心平稳。（图 15-4-1）

2. 高重心站架

高重心站架常见于中远距离对抗较量的过程中，便于灵活移动及试探攻防时机。（图 15-4-2）

图 15-4-1　　　　　　　图 15-4-2

（二）基本步法

基本步法是空手道基本技术的重要组成部分。在格斗对抗过程中，灵活、轻盈的步法有助于把控攻防时机和距离，以便迅速接近或远离对手，同时也是衔接、切换技术的基础。在高水平的实战过程中，步法往往是创造得分机会的先决条件。

（1）上步：以高重心站架站立，后脚向前上一步，成对侧高重心站架。（图 15-4-3）

（2）撤步：以高重心站架站立，前脚向后撤一步，成对侧高重心站架。（图 15-4-4）

图 15-4-3　　　　　　　图 15-4-4

（3）前滑步：以高重心战架站立，前脚前跃时，后脚同步跟进，成高重心站架。（图 15-4-5）

图 15-4-5

（4）后滑步：以高重心站架站立，后脚后跃时，前脚同步跟进，成高重心站架。（图 15-4-6）

（5）侧闪步：以高重心站架站立，前脚向左移动，后脚迅速左移跟进，成高重心站架的步法；或后脚向右移动，前脚迅速右移跟进，成高重心站架。（图 15-4-7）

图 15-4-6　　　　　　　　　　　　　　　图 15-4-7

（6）跳换步：以高重心站架站立，两脚原地交换，并转换架位前后脚的方向。（图 15-4-8）

（7）前刺步：以高重心站架站立，屈膝降低身体重心，躯干前倾时迅速提膝，前脚向前跃一大步，后脚迅速跟进。（图 15-4-9）

图 15-4-8　　　　　　　　　　　　　　　图 15-4-9

（三）手的技术

（1）拳：立掌，除拇指外的四指自然弯曲向掌心握紧，拇指在食指、中指的第二指节处内扣，腕关节紧张，拳背与前臂持平。击打目标时，用手指最末指节处作为击打面完成拳的进攻。（图 15-4-10）

（2）掌：除拇指外，其余四指伸直，拇指弯曲并向食指靠拢，用小指的外沿攻击目标，腕关节在击打目标时应紧张不放松，使掌变成手臂的延长部分。（图 15-4-11）

 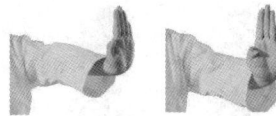

图 15-4-10　　　　　　　　　　　　　　图 15-4-11

（四）实战格挡

（1）前手格挡：以高重心站架站立，前手沉肘于体前，手的高度控制在头部或头部以下，保护好侧肋部。格挡时，前手向斜上方、斜前方或斜下方完成推挡动作，或抬肘格挡，

并迅速复原至高重心站架。（图 15-4-12）

前手格挡1　　　　　　　　　前手格挡2

前手格挡3　　　　　　　　　前手格挡4

图 15-4-12

（2）后手格挡：以高重心站架站立，后手屈臂于腹前，保护躯干及头部。格挡时，后手提肘上行，保护好面部左右侧颊，或抬肘用前臂横向拦截于头部斜上方三拳远的位置，或抬肘用前臂挡在头部前方，或伸肘用前臂挡在体前斜下方，格挡完成后迅速还原成高重心站架站立。（图 15-4-13）

后手格挡1　　　　　　　　　后手格挡2

后手格挡3　　　　　　　　　后手格挡4

图 15-4-13

（五）腿的技术

1. 前踢

前踢多为正面进攻，是指大、小腿沿躯干方向抬起，在向正前方完成提膝动作后，大、小腿蹬伸及前脚掌蹬踏攻击目标后屈膝回落成格斗势站架的踢技。其目的是击打目标正面躯干。（图 15-4-14）

图 15-4-14

【动作要领】以高重心站架站立，两脚脚尖同步完成向前转动，后腿迅速抬起并完成提膝和大、小腿折叠及勾脚尖动作，两臂屈于身体两侧完成护肋动作。进攻腿由体前向对手方向蹬伸踢击，注意保持身体平衡。击打目标时，前脚掌蹬踏目标；进攻完成时，主动收回进攻腿至屈膝状态，而后自然下落成高重心站架。

【重点】进攻腿须完成水平方向的蹬伸，再主动收回并落地，成高重心战架。

【难点】两脚脚尖同步转动后，手臂动作转为屈臂于身体两侧，护好两侧肋部，勿抬肘，避免暴露得分点。提膝时，膝关节对向正前方，不得内扣。

2. 横踢

横踢按战术可分为反击横踢、进攻横踢、迎击横踢（图 15-4-15）；按踢击任务分配可分为前腿横踢和后腿横踢；按击打目标可分为中段横踢和高位横踢。

前腿反击横踢

前腿进攻横踢

图 15-4-15

前腿迎击横踢

后腿反击横踢

后腿进攻横踢

后腿迎击横踢

图 15-4-15（续）

【动作要领】以后腿反击横踢为例。以高重心站架站立，两臂屈肘，后手护头、前手护躯干，两脚脚尖同步向踢击方向旋转，身体重心移至前腿，后腿迅速提膝，大、小腿折叠，绷脚尖，前脚继续外旋，后腿膝关节下压、抬高小腿，并完成小腿的鞭打动作，用脚背击打目标。进攻完成后，屈膝收腿，自然下落，成高重心站架。

【重点】两脚脚尖同步向前旋转的同时，先提膝准备下一步，大、小腿夹紧，绷脚尖，用脚背完成踢击动作，踢完积极回收小腿，落步成高重心站架。

【难点】支撑脚微抬脚跟，以踮跳步完成运动面的旋转，此时应避免全脚掌摩擦地面，否则容易导致剪切力作用下的脚踝扭伤。为了达到理想的踢击距离，击打目标时，肩、髋、膝、踝应在一条直线上。

3. 勾踢

勾踢分为进攻勾踢、迎击勾踢和反击勾踢，多为前腿技术，有着动作隐蔽、击打效果明显的优势。先向对手方向做大、小腿蹬伸，再由髋关节控制运动角，以大腿带动小腿完成脚掌在水平方向的击打动作。（图 15-4-16）

图 15-4-16

【动作要领】以高重心站架站立，两臂屈肘，后手护头，前手护躯干，身体重心移至后腿，同时向自己胸前方向提膝，大、小腿夹紧，勾脚尖，提膝、侧蹬伸、放腿，向水平方向发力横摆；然后屈膝，用脚掌完成勾摆动作，勾摆角度约为30°。勾摆完成后，屈膝收回进攻腿，并顺势落回高重心站架。

【重点】进攻腿提膝时，充分抬高，蹬伸迅速，进攻腿的大、小腿均有水平方向的位移，运动角度适宜，控制身体平衡。踢击目标完成后，主动收回进攻腿，由屈位自然下落回高重心站架。

【难点】进攻时，动作要尽量隐蔽，不轻易暴露自己的进攻路径，同时避免运动角度过小或过大。提膝、蹬伸腿时，紧贴目标近进攻腿一侧，沿水平方向勾摆并及时回收。

4. 后踢

后踢分为进攻后踢、迎击后踢和反击后踢。按顺时针方向完成身体运动面的旋转。进攻腿完成沿水平方向的、由己方向对手方向的蹬伸，踢对方躯干，或由己方向斜上方蹬伸，完成攻击对方头部的踢击。（图 15-4-17）

图 15-4-17

【动作要领】以高重心站架站立，身体重心移至前腿上，以前脚掌为轴，前脚外旋，身体顺势向背后方向转动；接着提起后腿，大、小腿折叠，上体前倾，勾脚尖，头向进攻腿一侧摆动，两臂屈于身侧保护肋部。击打目标时，提膝腿向身后沿水平方向后蹬，用脚掌蹬端目标。

【重点】踢击方向为正后方。转身提膝后，膝关节应尽量内收，控制身体平衡，防止因提膝不充分及大、小腿夹角不合适而导致髋关节过度侧倾。

【难点】控制转身后的提膝高度及大、小腿的折叠角度，注意转身提膝时的同步摆头和躯干的同步下压。

（六）摔法

1. 挑摔

以高重心站架站立，以前滑步接近对手，远离对手侧手，然后迅速抓住对手背后的衣服，并完成沉肘下搂动作。身体重心移至后腿时，迅速提膝、抬前脚，斜插前脚至对手前脚踝关节处并屈腿，做向自己身前方向的提拉动作。注意要在2秒内完成有效摔技，之后快速完成脱离，避开危险源。（图15-4-18）

图 15-4-18

2. 绊摔

以高重心站架站立，以斜滑步接近对手，至与对手水平站位。前手迅速抓住对手的前手手腕，后手则迅速伸直并横向拦截在对手胸前，随即用后手抓住对手衣物进行前击；同时近侧脚由后至前斜插入对手两腿之间，近侧腿的小腿内侧与对手小腿内侧贴靠，并向背后方向完成勾挑腿动作。（图15-4-19）

图 15-4-19

三、空手道组手竞赛规则简介

（一）比赛场地

竞技空手道正式比赛场地应铺有经世界空手道联盟认可的垫子，是边长为 8 米（由场地外缘量起）的正方形场地，加上四周各 1 米的安全区。铺上垫子的场地四周还应有 2 米净空的区域作为安全区。比赛场地必须平坦且无危险，将距离比赛场地中心点 1 米处的两块垫子反转，以红色一面向上，作为两位选手位置的标识。组手竞赛场地规格如图 15-4-20 所示。

主裁应面向两位选手，站在距离安全区 2 米的两块垫子中间。边裁应分坐在场地 4 个角落的安全区内。主裁可以在整个场地内移动，包括边裁所在的安全区部分。每位边裁都将手执红旗、蓝旗各一面。赛事监督应坐在安全区外、主裁的左后方或右后方，并配备有红色旗子或信号标识与哨子。记分监察员应坐在官方记分台后，在记分员与计时员之间。教练员应坐在各自选手方，面对官方计分台一边的安全区外。当比赛在台式场地上进行时，教练员应坐在台外（下）。 1 米的边界区必须与场地其他铺垫区颜色不同。空手道组手竞赛队员及裁判员站位如图 15-4-21 所示。

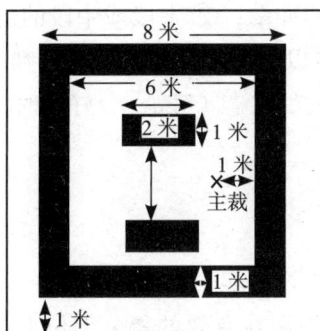

图 15-4-20

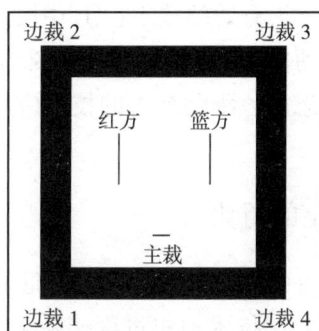

图 15-4-21

（二）比赛着装

除非世界空手道联盟有特殊规定，否则选手必须穿着纯白无条纹、无滚边和无个人刺绣的空手道道服。国家标识或该国国旗标识应佩带在道服左胸，其大小不得超过 12 厘米 ×8 厘米，只有道服制造厂商可以将其商标置于空手道道服上。选手必须一方系红色腰带，另一方系蓝色腰带。腰带宽度必须在 5 厘米左右。在打结后，腰带两端应留有不少于 15 厘米的长度，且不超过大腿长度的四分之三。

（三）比赛护具

组手比赛的护具包括拳套、牙套（护齿）、躯干护具、护胫、护足。在 14 岁以下的比赛中，选手除须佩戴以上所要求的护具外，还须佩戴面具和儿童护胸；不强制要求佩戴护裆，如果要佩戴，则必须是由世界空手道联盟认证的款式；禁止戴眼镜，可戴软性隐形眼镜，但选手必须自行负责；禁止穿戴未经认可的服饰、服装或护具；所有的护具都必须经过世界空手道联盟认证。

（四）比赛时间

成年男子和成年女子组手比赛，每回合的时间为 3 分钟（团体赛和个人赛相同）。21 岁以下级的男子和女子组手比赛为每回合 3 分钟。青年和少年组手比赛中，男子和女子比赛每回合的时间为 2 分钟。

（五）允许攻击部位

组手比赛的攻击仅限于头部、面部、颈部、胸部、腹部、背部和胸腹侧面。

（六）得分

得分可分为三种：一本（3 分）、有技（2 分）、有效（1 分）。

（1）可以判定为一本的技术：①上段踢技；②施展在被摔倒或已倒地的对手身上的任何有效的技术动作。

（2）可以判定为有技的技术：中段踢技。

（3）可以判定为有效的技术：①中段或上段的冲拳；②上段或中段的击打技。

当一个技术动作作用于有效的得分部位且满足以下技术标准时就会被判定为得分：良好的姿势、竞技的态度、刚劲有力的技术应用、警戒的状态（残心）、好的时机把握、正确的距离。

（七）禁止的行为

禁止的行为有两类，分别为第一类犯规和第二类犯规。

第一类犯规：①技术动作过度接触（即使是作用在有效的得分部位上）和接触到喉部

的技术动作（喉部是连"碰触"都不允许的）；② 攻击手臂、腿部、裆部、关节或脚背部位；③ 以开掌技术攻击面部；④ 危险的或被禁止的摔技。

第二类犯规：① 假装受伤或夸大伤情；② 非对手原因离开比赛场地/场外；③ 不顾自己安危，做出可能让自己被对方击中而致伤的行为，或没有采取足够的自我保护措施/无防备；④ 通过逃避比赛的方式让对手没有机会得分，或消极应战且没有与对手交手的意图（不能在比赛还剩不到15秒时判罚）；⑤ 搂抱、扭摔、推搡对手，或与对手贴胸站靠，但没有试图施展得分的技术或摔技；⑥ 在截获对手施展踢技的腿后，不以施展摔技为目的的以双手抓住对手；⑦ 用一只手抓住对手的手臂或道服，不立即试图施展得分技术或摔技的；⑧ 施展无法控制的、有可能伤害到对手的、危险的、毫无节制的攻击技术；⑨ 试图以头部、膝部或手肘攻击对手；⑩ 与对手交谈或挑逗对手，不服从主裁的命令，对裁判官员不礼貌，或其他有违礼节的行为。

（八）判定胜负的标准

判定一方选手获胜的标准：率先取得8分的净胜分；在比赛时间结束时所取得的分数高于对手；获得首先得分的优势（"先取"）；裁判员的判定结果；或对手犯规、失格、弃权。

第五节　拳　击

一、拳击的发展和锻炼价值

（一）拳击的发展

拳击是一项很古老的运动，其起源可以追溯到原始社会。处于原始时期的人类，要凭借智慧、体力和带有一定技巧的动作，不断与来犯之敌或凶猛的野兽进行搏斗。拳击就是其中一项重要的搏斗技术。

在古希腊，拳击这项运动成为角斗的方式。16世纪，拳击运动传播到了英国。18世纪，现代拳击运动在英国出现，并出现了拳击比赛。1719年，詹姆斯·菲格成为第一位英国拳击冠军，而且他创立了世界上最早的拳击学校。该学校成为英国拳击运动员的培养摇篮。

早期的拳击比赛没有规则限制，在一方将另一方击倒在地后，还可继续进行攻击。为了减少拳击引发的伤害事故，约翰·布劳顿于1743年制定出世界上最早的拳击比赛规则，又于1747年设计了拳击手套，对拳击运动的健康发展做出了重要贡献。1880年，英国业余拳击运动协会在伦敦成立，拳击运动也开始传到世界各地。1904 年，第 3 届奥运会，拳击被列为正式比赛项目。1946 年，国际业余拳击协会（简称"国际拳协"）在英国伦敦成立。

现代拳击运动于 20 世纪初传入我国，最初称为"西洋拳"。1953 年 11 月，在天津举行的全国民族形式体育表演及竞赛大会中设有拳击比赛项目。1958 年，北京举办了当时最具规模的拳击比赛，由 21 个城市的代表队参加。中华人民共和国成立早期，由于国民身体条件等诸多因素，拳击运动发展迟缓，甚至中断。1986 年，中国拳击协会成立，并于次年加入国际拳协。

（二）拳击的锻炼价值

经常参加拳击运动，可以提高机体在高强度运动中的最大摄氧量和耐酸能力，提高心肺功能；可以培养人们顽强拼搏、百折不挠的意志品质，及其专注力和执着追求的精神；可以培养人们沉着冷静的心理素质和临危时的应变能力。

二、拳击的基本技术

（一）基本姿势

拳击运动的基本姿势又称攻防姿势，是一种使身体处于最有利于进攻和防守的姿势，可以使身体处于进可攻、退可守的最佳状态，既可以保护自己，又有利于快速进攻与反击。在基本姿势中，左脚在前称为左势，右脚在前称为右势。（图 15-5-1）

图 15-5-1

【动作要领】以左势为例。收下颌，前额朝向对方，两眼注视对方；左臂在前，右臂在后。左拳略高于肩，防护左侧面颊，左臂弯曲角度大于 90°，防护身体左侧；右拳置于右肩前，防护右侧面颊，右臂弯曲角度小于 90°，防护身体右侧。身体重心在两腿之间，形成最佳的攻防姿势。

【注意事项】保持好两臂的角度，左拳抬高到与眼齐平的高度，左肘适当收紧，右拳置于下颌右下方且与右肩等高；微含胸，避免两肩过分耸起，保持自然的体态。身体以腰部和髋关节为转动轴向左或向右扭动。

（二）基本步法

基本步法是拳击技术的重要组成部分。步法的移动具有进攻和防御的双重作用。灵活、快速的步法移动技术不仅可以保持身体平衡，而且可以使身体始终处于进攻和防御的最佳位置，是一名拳击运动员必须具备的基本技术。常用的拳击基本步法有滑步、冲刺步、环绕步、交叉步等步法。

1.滑步

滑步是指在进攻或防守的瞬间，为使身体前后左右移动而采取的步法。运用滑步可以调整身体至最佳位置，以逼近对方并准备攻击；或引诱对方出击，使对方在防守上出现漏洞，本方便可趁机出拳攻击对方。根据移动方向的不同，滑步可分为前滑步、后滑步、左滑步和右滑步。

【动作要领】

前滑步：右脚脚掌向后蹬地，左脚稍离地面并向前滑动，右脚迅速跟进。移动的距离根据对手的位置而定。身体重心始终保持在两腿之间，保持基本姿势。

后滑步：左脚脚掌向前蹬地，右脚稍离地面并向后滑动，左脚迅速跟进。移动的距离根据对手位置而定。身体重心始终保持在两腿之间，保持基本姿势。

左滑步：右脚脚掌内侧向右蹬地，左脚稍离地面并向左滑动，右脚迅速跟进。移动的距离根据对手位置而定。身体重心始终保持在两腿之间，保持基本姿势。

右滑步：左脚脚掌内侧向左蹬地，右脚稍离地面并向右滑动，左脚迅速跟进。移动的距离根据对手位置而定。身体重心始终保持在两腿之间，保持基本姿势。

【注意事项】① 靠近前进方向一侧的脚要先移动，脚要沿着地面滑动，移动后要恢复到原来的站立姿势；② 滑步时，身体重心要平稳，身体重心勿超出支撑面；③ 脚掌尽可能不离开地面，不可做跳跃步，两腿的膝关节和大腿肌群要自然放松。

2.冲刺步

冲刺步是指当对方防守上暴露出破绽或对方受到重击时，为了进一步攻击对手而采取的移动步法。

【动作要领】后脚向前蹬地发力，前脚迅速向前轻跳，紧接着后脚迅速跟进。

【注意事项】动作要连贯，速度要快，身体重心要平稳。移动的距离根据对手的位置而定。

3.环绕步

环绕步是指以对方为中心并围绕对方移动的一种步法。环绕步有逆时针环行和顺时针环行两种，并伴随着转体动作。环绕步动作要求幅度小，能微微闪躲对方的打击，并且能够为反击创造机会即可。

【动作要领】

逆时针环行（向右环行）：当对方用左直拳打过来时，本方只向右侧稍移动，并用左直拳反击，将对方的惯性与本方打出的冲力加在一起，攻击力就极大。这种环绕步最安全。

顺时针环行（向左环行）：本方站在对方腹部的正面，充分利用右手进行攻击。当对方向右转体时，攻守双方在一条直线上。此时，本方受对方攻击的可能性大，因此要做好防护。其步法是左脚先向左移动，右脚迅速向左跟进。

转体：分为向左转体和向右转体。向左转体时，左脚先在地面上以画小圆弧的形式向左移动，随后右脚向左脚外侧以画大圆弧的形式移动；向右转体时，右脚先在地面上以画小圆弧的形式向右移动，随后左脚向右脚外侧以画大圆弧的形式移动。

【注意事项】运用环绕步的目的是转移进攻方向，寻找进攻机会，或调整呼吸及做短暂的休息。

4.交叉步

交叉步是一种应激性调整移动步法，动作突然性强。其要求运动员专项技术娴熟、身体协调，能够及时摆脱困境或以假动作向对手发起攻击。

【动作要领】后脚迅速向前蹬地，同时前脚顺势向后插步，成交叉用力状态，同时左势、右势瞬间转换。该步法多用于直拳反击对手或迎击对手的情况。

【注意事项】动作要突然性强，脚迅速蹬地后向相反方向做交叉步，身体重心尽量不要有起伏，转换应平稳且迅速，保持基本姿势。

（三）基本拳法

拳击运动的基本拳法包括直拳、摆拳和勾拳 3 种形式。直拳的名字源于它的直行拳路轨迹。摆拳又名横拳，它的拳路轨迹是由外向里的。勾拳的拳路轨迹类似于钩子的形状，勾拳的名字也由此而来。

1. 直拳

直拳是拳法中最基本的技术之一，击打路线为直线，路径短，拳重，是主力拳。直拳击打路线平直，击打动作简单，是拳击初学者及优秀拳击运动员常用的拳法。在比赛中，直拳运用效果的好坏往往会影响运动员的胜负。下肢蹬转发力是拳击击打的起始发力点，其发力是由下往上依次传递和叠加的，并最终力达拳峰。直拳可分为左直拳（图 15-5-2）和右直拳（图 15-5-3）两种。

图 15-5-2 图 15-5-3

左直拳：从左势基本姿势开始，右脚蹬地发力，身体重心转移到左腿上；左臂顺势向前击出。当接近目标时，左前臂内旋，左手瞬间握紧拳头，上体随身体重心前移而前倾，击打结束后迅速还原。

右直拳：从左势基本姿势开始，右脚前脚掌内旋发力，带动身体左转。一旦身体转向正前方，右臂就顺势向前方击出。当接近目标时，右前臂内旋，右手瞬间握紧拳头；左脚前脚掌内扣，使身体停止左转，击打结束后迅速还原。整个击打过程，动作流畅，速度快，击打准确，上体保持正直。

2. 摆拳

摆拳可分为左摆拳和右摆拳。

左摆拳：从左势基本姿势开始，多以右拳佯攻，以便获得一定的旋转力矩来帮助左拳发力。上体稍向左转，随即身体向右转体，左膝内扣，左脚前脚掌内旋蹬地，左膝、左髋、腰部左侧、左肩及左肘依次以身体重心投影线为轴向右转动。当左肩转到正前方时，左肘平抬，左拳以由外向内的击打路线击打，保持拳、肘和肩在水平位置上，击打完成后迅速还原，右臂于体侧做好防护。

右摆拳：动作要领与左摆拳相似，只是左右相反。

3. 勾拳

勾拳发力迅速而短促，运动路线短，最具威力，常用于近身格斗。出勾拳时，手臂形状如钩，弯曲角度大约为90°。勾拳分为上勾拳和平勾拳。其中，上勾拳又分为左上勾拳和右上勾拳，平勾拳又分为左平勾拳和右平勾拳。上勾拳的主要击打部位是腰部以上正侧部位，平勾拳的击打部位是两腮、下颌及颈侧部位，二者经常组合使用。下面介绍左勾拳。

左平勾拳：从左势基本姿势开始，左脚前脚掌内旋蹬地发力，左膝、左髋、左肩、左臂依次以身体重心投影线为轴转动发力，左臂自然弯曲90°左右，左拳拳心向内击打对手的腮部或颈部，力达拳峰。发力时，动作流畅，身体重心平稳，右臂防护好身体右侧，击打完成后迅速还原。（图15-5-4）

左上勾拳：从左势基本姿势开始，身体稍向左侧转，接着上体迅速拧转；同时，左脚脚掌用力蹬地，左拳随之由下向前、向上发力，前臂外旋直冲对方腹部或下颌。此时，左臂弯曲，右臂保持原姿势不变，击打后按原路线收回。（图15-5-5）

图 15-5-4　　　　　　　　　　　　图 15-5-5

三、拳击的基本防守技术

在拳击比赛中，攻击与防守是密切配合进行的，两者同样重要。本方每一次进攻时，对方都应用一定的防守技术来抵御这种攻击。拳击防守技术从广义上分为接触性防守技术和无接触性防守技术。接触性防守技术包括拍击防守技术、贴靠防守技术、格挡防守技术和抱头防守技术；无接触性防守技术包括闪躲防守技术、摇臂防守技术、后撤步防守技术和距离防守技术。以下主要介绍拍击防守技术、贴靠防守技术、格挡防守技术和闪躲防守技术。

（一）拍击防守技术

拍击防守技术是一种快速改变对手直拳进攻路线的常用防守技术。拍击防守技术分为前手拍击防守技术和后手拍击防守技术。根据对方的进攻意图和反击意图，本方可以进行向下、向内和向外拍击防守。

1. 前手拍击防守技术

在基本姿势和预判的基础上，前脚的前脚掌内旋蹬地发力，力量由下向上依次传递到前手拳，前手拳爆发式向下（向内）拍击，改变对手直拳的进攻路线，拍击后迅速还原至基本

姿势。针对对手采取直拳进攻击打腹部的进攻方式，本方以前手拳向下拍击为主进行防守。（图15-5-6）

2.后手拍击防守技术

在基本姿势和预判的基础上，后脚前脚掌内旋蹬地发力，力量由下向上依次传递到后手拳，后手拳爆发式向下（向外）拍击，改变对手直拳进攻路线，拍击后迅速还原至基本姿势。（图15-5-7）

图15-5-6   图15-5-7

（二）贴靠防守技术

贴靠防守技术是一种主动贴靠对手并以此来破坏对手进攻节奏的防守技术。随着现代拳击运动的发展，运动员、教练员及科研人员对拳击制胜规律的认识水平逐渐提升，运动员在比赛场上也更加灵活。其中，贴靠防守技术就是运动员充分利用规则的一项技术。在国际性的比赛中，贴靠防守技术的运用频率较高。

【动作要领】在被动防守的情况下，本方利用各种闪躲技术，将手臂下放于体侧，上体前冲靠近对手（根据对手的贴靠程度，本方可以往前或往后移动，保持一种机动状态），来达到破坏对手的进攻节奏和保护自己的目的。在本方比分领先的情况下，本方应抓住对手追分心切的心理和前冲偏离身体重心之机，侧闪贴靠对手，不给其展开攻击的距离，最终达到拖延时间的目的。

（三）格挡防守技术

格挡防守技术是指利用杠杆原理，用拳、前臂、肘关节、肩部作为武器来抵挡对手的进攻，从而使本方暂时避开击打或取得有利的位置去反击对方的技术方法。前臂是主要的格挡防守部位，其优点是使用灵活、方便。本方可根据对手击打的不同路线和不同拳法选择不同的格挡部位，如格挡对手的直拳进攻时，本方可以使用单臂或双臂在头前格挡。

【动作要领】在基本姿势和预判的基础上，本方根据对手的进攻拳法主动选择格挡部位。若本方运用体前单臂格挡技术，则身体先转动发力，前臂再瞬间对抗，头部躲在前臂侧后方，眼睛从前臂一侧观察对手，择机返回基本姿势。（图15-5-8）

图15-5-8

（四）闪躲防守技术

闪躲防守技术是一种高超的防守技术。闪躲防守使用得当，不仅可消耗对方的体力，还能使对方处于被动状态并暴露防守的漏洞。依据对手直拳进攻方向的不同，闪躲防守可以分为向左闪躲、向右闪躲和向后闪躲 3 种技术。

1.向左闪躲、向右闪躲技术

在基本姿势和预判的基础上，在对手直拳进攻的瞬间，本方借助上体转动之力，上步或原地向对手两侧潜入，身体重心下降，身体成扭曲姿势，然后择机还原，保持基本姿势。（图 15-5-9）

图 15-5-9

2.向后闪躲技术

根据对手进攻距离的长短，本方可以采用原地上体闪躲或后撤步闪躲。原地上体闪躲后，身体应迅速还原为基本姿势，身体重心平稳，动作干净利索。

在拳击运动中，进攻与防守是一种对立与统一、主动与被动的关系，防守技术随着进攻技术的发展而发展。在如今的拳击比赛中，防守技术以全面防守技术为主、距离防守和抱头防守技术为辅，提倡防守的多次性和目的性。我国著名拳击运动员邹市明在对手进攻的同时可以完成 2 次或 3 次防守技术动作，大大减少了被对手击中的机会。

四、拳击的基本反击技术

拳击的基本反击技术是指比赛中一方运动员在另一方运动员发动进攻时迅速采取防守行动，并在原有的防守基础上进行反击，以达到后发制人和变被动为主动效果的技术方法。反击技术不是一项独立的技术，而是需要与防守技术紧密配合使用的技术。防守技术是反击技术的前提。

若反击技术运用得当，则本方同样可以直接得分或击倒对手直接获胜。如今，运动员的拳击竞技能力水平逐渐趋于接近状态，其在比赛中使用反击技术时必须与其他相应的技术相配合，以充分发挥反击技术水平。

（一）反击技术的分类

反击技术是防守后的进攻技术，其与进攻技术在本质上是相同的。反击技术包括单拳反击技术（直拳、摆拳、勾拳）、双拳反击技术（直拳组合、直摆组合、直勾组合、摆拳组合、摆勾组合、勾拳组合）和多拳组合技术（三拳组合、三拳以上组合）。

（二）反击技术的特征

在反击技术中，反击型打法是拳击技术中最为高超的一种打法。反击型打法集速度、反应、判断、技术、智慧和战术为一体，受到各国优秀拳击运动员的追捧。

新的拳击计分规则出台后，拳击运动员在比赛中的对抗强度提高了，攻防转换的节奏也明显加快了。反击技术在攻防转换过程中起到了很重要的衔接作用。合理地运用反击技术可以使本方掌握比赛的主动权，由防守转变成进攻反击。

目前，反击技术特征的主要表现：① 能够准确把握反击的距离。距离是决定是否运用反击技术的前提，无距离的进攻会将自己暴露在对方的攻击范围内。② 能够准确把握反击的时机。时机是反击成功的核心，盲目的反击往往会被对手的连续进攻拳击中。③ 能够准确反击到有效部位。能否准确击打直接关系到能否得分。另外，同样的反击，由于击打部位不同，其效果也不一样。

附录 《国家学生体质健康标准》简介

附录一 《国家学生体质健康标准》的实施说明

一、说明

《国家学生体质健康标准》（以下简称《标准》）从身体形态、身体机能、身体素质等方面综合评定学生的体质健康水平，是促进学生体质健康发展、激励学生积极进行身体锻炼的教育手段，是国家学生发展核心素养体系和学业质量标准的重要组成部分，是学生体质健康的个体评价标准。

本标准将适用对象中的高校部分分为：大学一、二年级为一组，三、四年级为一组。

大学各组别的测试指标均为必测指标。其中，身体形态类中的身高、体重，身体机能类中的肺活量，以及身体素质类中的50米跑、坐位体前屈为各年级学生共性指标。

本标准的学年总分由标准分与附加分之和构成，满分为120分。标准分由各单项指标得分与权重乘积之和组成，满分为100分。附加分根据实测成绩确定，即对成绩超过100分的加分指标进行加分，满分为20分；大学的加分指标为男生引体向上和1000米跑，女生1分钟仰卧起坐和800米跑，各指标加分幅度均为10分。

根据学生学年总分评定等级：90.0分及以上为优秀，80.0～89.9分为良好，60.0～79.9分为及格，59.9分及以下为不及格。

每个学生每学年评定一次，记入《〈国家学生体质健康标准〉登记卡》。特殊学制的学校，在填写登记卡时可以按规定和需求相应地增减栏目。学生毕业时的成绩和等级，按毕业当年学年总分的50%与其他学年总分平均得分的50%之和进行评定。

学生测试成绩评定达到良好及以上者，方可参加评优与评奖；成绩达到优秀者，方可获体育奖学分。测试成绩评定不及格者，在本学年度准予补测一次，补测仍不及格，则学年成绩评定为不及格。普通高中、中等职业学校和普通高等学校学生毕业时，《标准》测试的成绩达不到50分者按结业或肄业处理。

二、单项指标与权重

单项指标与权重见附表1。

附表1 测试指标与权重

测试对象	单项指标	权重
大学各年级	体重指数（BMI）	15%
	肺活量	15%
	50米跑	20%
	坐位体前屈	10%
	立定跳远	10%
	引体向上（男）/1分钟仰卧起坐（女）	10%
	1000米跑（男）/800米跑（女）	20%

注：体重指数（BMI）＝体重/身高^2（千克/米^2）。

附录二 《国家学生体质健康标准》的测试方法

一、身高

附图1

受试者赤足，以立正姿势站在身高计的底板上（上肢自然下垂，脚后跟并拢，足尖分开约60°）。足跟、骶骨部及两肩胛区与立柱相接触，躯干自然挺直，头部正直，耳屏上缘与眼眶下缘呈水平位。测试人员站在受试者右侧，使水平压板轻轻沿立柱下滑，轻压于受试者头顶（附图1）。测试人员读数时，两眼应与压板水平面等高，记录员复述后进行记录。以厘米为单位，精确到小数点后一位。测试误差不得超过0.5厘米。

二、体重

测试时，电子秤应放在平坦的地面上。受试者赤足，男性受试者身着短裤；女性受试者身着短裤、短袖衫，站在秤台中央（附图2）。读数以千克为单位，精确到小数点后一位。记录员复述后记录读数。测试误差不超过0.1千克。

附图2

三、肺活量

测试房间要保持通风良好；使用干燥的一次性口嘴（若使用非一次性口嘴，每换一名测试对象须消毒一次）。将肺活量计主机放置在平稳桌面上，检查电源线和接口是否牢固。按工作键，液晶屏显示"0"即表示机器进入工作状态，预热5分钟后测试为佳。

测试时首先告知受试者不必紧张，并且要尽全力，以中等速度和力度吹气效果最好。令被测试者面对肺活量计站立，手持吹气口嘴。测试过程中，口嘴或鼻处不能漏气，如漏气应调整口嘴和用鼻夹（或自己捏鼻孔）。测试前，受试者应深吸气（避免耸肩提气，应该像闻花香似地慢吸气）。受试者进行一两次较平日深一些的呼吸动作后，更深地吸一口气，屏气向口嘴处慢慢呼出至不能再呼为止，防止此时从口嘴处吸气。测试中不得中途二次吸气。吹气完毕后，液晶屏上最终显示的数字即肺活量的毫升值。以毫升为单位记录测试成绩，不保留小数。

四、50米跑

受试者至少两人一组测试。采用站立式起跑，受试者听到"跑"的口令后开始起跑。发令员在发出口令的同时要挥动发令旗。计时员视旗动开表计时，受试者躯干部到达终点线的垂直面时停表。以秒为单位记录测试成绩，精确到小数点后一位，小数点后第二位数按非0进1的原则进位（如将10.11秒读成10.2秒），并记录。

五、坐位体前屈

受试者两腿伸直，两脚平蹬测试纵板，坐在平地上。两脚分开10～15厘米，上体前屈，两臂伸直，用两手中指指尖逐渐向前推动游标，直到不能前推为止（附图3）。测试计的脚蹬纵板内沿平面为0点，由纵板靠近身体方向为负值，远离身体方向为正值。以厘米为单位记录测试成绩，保留1位小数。测试两次，取最好成绩。

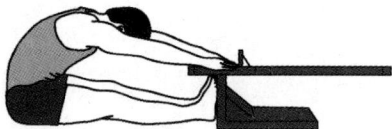

附图3

六、立定跳远

受试者两脚自然分开，站在起跳线后，脚尖不得踩线（最好用线绳做起跳线）。两脚原地同时起跳，不得有垫步或连跳动作。丈量起跳线后缘至最近着地点后的垂直距离，以厘米为单位记录测试成绩，不计小数。

七、引体向上（男）

受试者跳起，两手正握杠，两手与肩同宽成直臂悬垂。静止后，两臂同时用力引体（身体不能有附加动作），上拉到下颌超过横杠上缘为完成1次。记录向上引体的次数。

八、1分钟仰卧起坐（女）

受试者仰卧于垫上，两腿屈膝，两手轻轻地搭在耳侧，两脚踩地；受试者坐起时，两肘触及或超过两膝为完成1次；仰卧时两肩胛必须触垫（附图4）。记录受试者1分钟完成仰卧起坐的次数。

附图4

九、1000米跑（男）、800米跑（女）

受试者至少两人一组进行测试，站立式起跑。当听到"跑"的口令后开始起跑。计时员看到旗动开表计时，当受试者的躯干部到达终点线垂直面时停表。以分、秒为单位记录测试成绩，保留1位小数。

附录三 《国家学生体质健康标准》测试评分表

《国家学生体质健康标准》各项测试评分详见附表 2 至附表 8。

附表 2 体重指数（BMI）单项评分表 （单位：千克 / 米²）

等级	单项得分	大学男生	大学女生
正常	100	17.9 ~ 23.9	17.2 ~ 23.9
低体重	80	≤ 17.8	≤ 17.1
超重		24.0 ~ 27.9	24.0 ~ 27.9
肥胖	60	≥ 28.0	≥ 28.0

附表 3 大学男生各测试项目评分表 （大一、大二适用）

等级	单项得分 / 分	肺活量 / 毫升	50 米跑 / 秒	坐位体前屈 / 厘米	立定跳远 / 厘米	引体向上 / 次	耐力跑 1000 米 / （分·秒）
优秀	100	5040	6.7	24.9	273	19	3'17"
	95	4920	6.8	23.1	268	18	3'22"
	90	4800	6.9	21.3	263	17	3'27"
良好	85	4550	7.0	19.5	256	16	3'34"
	80	4300	7.1	17.7	248	15	3'42"
及格	78	4180	7.3	16.3	244		3'47"
	76	4060	7.5	14.9	240	14	3'52"
	74	3940	7.7	13.5	236		3'57"
	72	3820	7.9	12.1	232	13	4'02"
	70	3700	8.1	10.7	228		4'07"
	68	3580	8.3	9.3	224	12	4'12"
	66	3460	8.5	7.9	220		4'17"
	64	3340	8.7	6.5	216	11	4'22"
	62	3220	8.9	5.1	212		4'27"
	60	3100	9.1	3.7	208	10	4'32"

等级	单项得分/分	肺活量/毫升	50米跑/秒	坐位体前屈/厘米	立定跳远/厘米	引体向上/次	耐力跑1000米/（分·秒）
不及格	50	2940	9.3	2.7	203	9	4′52″
	40	2780	9.5	1.7	198	8	5′12″
	30	2620	9.7	0.7	193	7	5′32″
	20	2460	9.9	−0.3	188	6	5′52″
	10	2300	10.1	−1.3	183	5	6′12″

附表4　大学男生各测试项目评分表　　　　　（大三、大四适用）

等级	单项得分/分	肺活量/毫升	50米跑/秒	坐位体前屈/厘米	立定跳远/厘米	引体向上/次	1000米跑/（分·秒）
优秀	100	5140	6.6	25.1	275	20	3′15″
	95	5020	6.7	23.3	270	19	3′20″
	90	4900	6.8	21.5	265	18	3′25″
良好	85	4650	6.9	19.9	258	17	3′32″
	80	4400	7.0	18.2	250	16	3′40″
及格	78	4280	7.2	16.8	246		3′45″
	76	4160	7.4	15.4	242	15	3′50″
	74	4040	7.6	14.0	238		3′55″
	72	3920	7.8	12.6	234	14	4′00″
	70	3800	8.0	11.2	230		4′05″
	68	3680	8.2	9.8	226	13	4′10″
	66	3560	8.4	8.4	222		4′15″
	64	3440	8.6	7.0	218	12	4′20″
	62	3320	8.8	5.6	214		4′25″
	60	3200	9.0	4.2	210	11	4′30″
不及格	50	3030	9.2	3.2	205	10	4′50″
	40	2860	9.4	2.2	200	9	5′10″
	30	2690	9.6	1.2	195	8	5′30″
	20	2520	9.8	0.2	190	7	5′50″
	10	2350	10.0	−0.8	185	6	6′10″

附表 5　大学女生各测试项目评分表　　　　（大一、大二适用

等级	单项得分/分	肺活量/毫升	50米跑/秒	坐位体前屈/厘米	立定跳远/厘米	1分钟仰卧起坐/次	800米跑/（分·秒）
优秀	100	3400	7.5	25.8	207	56	3'18"
	95	3350	7.6	24.0	201	54	3'24"
	90	3300	7.7	22.2	195	52	3'30"
良好	85	3150	8.0	20.6	188	49	3'37"
	80	3000	8.3	19.0	181	46	3'44"
及格	78	2900	8.5	17.7	178	44	3'49"
	76	2800	8.7	16.4	175	42	3'54"
	74	2700	8.9	15.1	172	40	3'59"
	72	2600	9.1	13.8	169	38	4'04"
	70	2500	9.3	12.5	166	36	4'09"
	68	2400	9.5	11.2	163	34	4'14"
	66	2300	9.7	9.9	160	32	4'19"
	64	2200	9.9	8.6	157	30	4'24"
	62	2100	10.1	7.3	154	28	4'29"
	60	2000	10.3	6.0	151	26	4'34"
不及格	50	1960	10.5	5.2	146	24	4'44"
	40	1920	10.7	4.4	141	22	4'54"
	30	1880	10.9	3.6	136	20	5'04"
	20	1840	11.1	2.8	131	18	5'14"
	10	1800	11.3	2.0	126	16	5'24"

附表 6　大学女生各测试项目评分表　　　　（大三、大四适用）

等级	单项得分/分	肺活量/毫升	50米跑/秒	坐位体前屈/厘米	立定跳远/厘米	1分钟仰卧起坐/次	800米跑/（分·秒）
优秀	100	3450	7.4	26.3	208	57	3'16"
	95	3400	7.5	24.4	202	55	3'22"
	90	3350	7.6	22.4	196	53	3'28"
良好	85	3200	7.9	21.0	189	50	3'35"
	80	3050	8.2	19.5	182	47	3'42"

	肺活量 / 毫升	50 米 跑 / 秒	坐位体前 屈 / 厘米	立定跳远 / 厘米	1 分钟仰卧 起坐 / 次	800 米跑 / （分·秒）
	78	2950	8.4	18.2	179	45	3'47"
	76	2850	8.6	16.9	176	43	3'52"
	74	2750	8.8	15.6	173	41	3'57"
	72	2650	9.0	14.3	170	39	4'02"
及格	70	2550	9.2	13.0	167	37	4'07"
	68	2450	9.4	11.7	164	35	4'12"
	66	2350	9.6	10.4	161	33	4'17"
	64	2250	9.8	9.1	158	31	4'22"
	62	2150	10.0	7.8	155	29	4'27"
	60	2050	10.2	6.5	152	27	4'32"
	50	2010	10.4	5.7	147	25	4'42"
	40	1970	10.6	4.9	142	23	4'52"
不及格	30	1930	10.8	4.1	137	21	5'02"
	20	1890	11.0	3.3	132	19	5'12"
	10	1850	11.2	2.5	127	17	5'22"

附表 7　大学生加分指标测试项目评分表一　　　　　　（单位：次）

加分	引体向上（男）		1 分钟仰卧起坐（女）	
	大一、大二	大三、大四	大一、大二	大三、大四
10	10	10	13	13
9	9	9	12	12
8	8	8	11	11
7	7	7	10	10
6	6	6	9	9
5	5	5	8	8
4	4	4	7	7
3	3	3	6	6
2	2	2	4	4
1	1	1	2	2

注：引体向上（男）、1分钟仰卧起坐（女）均为高优指标，学生成绩超过单项评分100分后，以超过的次数所对应的分数进行加分。

附表8 大学生加分指标测试项目评分表二 （单位：秒

加分	1000 米跑（男）		800 米跑（女）	
	大一、大二	大三、大四	大一、大二	大三、大四
10	−35″	−35″	−50″	−50″
9	−32″	−32″	−45″	−45″
8	−29″	−29″	−40″	−40″
7	−26″	−26″	−35″	−35″
6	−23″	−23″	−30″	−30″
5	−20″	−20″	−25″	−25″
4	−16″	−16″	−20″	−20″
3	−12″	−12″	−15″	−15″
2	−8″	−8″	−10″	−10″
1	−4″	−4″	−5″	−5″

注：1000 米跑（男）、800 米跑（女）均为低优指标，学生成绩低于单项评分100分后，以减少的秒数所对应的分数进行加分。